極上の人生を生き抜くには

保江邦夫
矢追純一

明窓出版

まえがき

わたしは常々、「自分にとって都合のいいことしか起こらない」と決めて、生きている。

自分を信じているのと同様に、決めた世界を信じているので、あとは起こる流れに従うのみ。

選択の根拠はいつも「なんとなく……」がベストだと思っているし、大切なのは今この瞬間の積み重ね。

なので、毎日が非常にシンプルである。


この本の話が来たときも周囲は喜んでいたが、いつもどおり、白紙で臨んだ。

初めてお会いする保江邦夫氏は、自然体のひとだった。

人気の物理学者、武道家であり、神道やキリスト教、UFOにも通じた多彩な経験を元に、興味深い話を次々と繰り出してくれた。

そしてその言葉はわかりやすく、よどみなく、共にいることを楽しんでくれ、さりげなくわたしを立ててくださった。

わたしも保江邦夫氏と一緒の空間を楽しんだ。

それが一番なのだ。

わたしは済んでしまった過去を悔やむこともないし、未来を憂うことも無駄だと思っていて、終わったことはほとんど、すぐに忘れてしまう。

80代なので、心配されることもあるが、若い頃からこのスタイルなので、自分でもどうしようもない。

先日、あるタレントが娯楽番組のインタビューで「今年はどんな年になりますか？」と聞かれ、「新しい戦前になる」と答え、話題になったそうだ。

戦前を経験した自分としては、何となくうなずけるものがある。

今年はいろいろな意味で正念場かもしれない。

出版に際し、ご協力いただいたすべての方々に感謝申し上げる。

２０２３年１月　この冬一番の寒さを迎えた某日

矢追純一

極上の人生を生き抜くには

パート2　ＵＦＯは地球内部からやってくる?!

パート3　アナスタシア村の民が組み立てるＵＦＯ

パート4 心はどこにあるのか？

パート5　ユリ・ゲラー、銀座に行く

パート6　自分が神様——無限次元に存在する

パート1　右脳モードで最高の流れに乗る

（対談1日目）

思いどおりの人生を生きるコツ

保江　本日は、よろしくお願いいたします。

さっそくですが、つい最近、矢追先生のご著書の『ヤオイズム』（三五館）を読ませていただきました。

僕が今までに読んだ本の中で一番の作品です！　こんなに良い本があったのですね。

矢追　ありがとうございます。

保江　これはもう、僕のバイブルとなりました。

僕はそれまで、矢追先生のＵＦＯや宇宙人の本ばかり買っていましたが、このご本のことは知りませんでした。

矢追　比較的、新しい本ですからね。

保江　本書からわかった、本当に執着というものが何もない矢追先生のこの生き方は、いったいどうして得られたんだろうと思っていたのです。

特に感銘を受けたのは、この文章です。

「人生を最高に生きるコツは、流れに身を任せること。たったこれだけ。他には何もいらない。ただし、目標だけは定めておかなくてはならない。目標が決まると、その目標に向かう見えない流れができる。その流れに身を任せていると、結局、思いどおりの人生を生きることができるのだ」

もう本当に、どなたかがこういうことを指摘してくださらないかなと思っておりました。

僕自身では、自分の体験として漠然とはわかっていたのですが、このように上手にまとめる能力もないものですから……。

こんなふうに簡潔に語ってくださっているのに驚嘆しました。もう、目から鱗なんてものではありません。

本当に、ありがとうございます。

矢追　いえいえ、こちらこそお褒めいただいてありがとうございます。

保江　他にも、いろいろなことがこの本でわかりました。
僕は、矢追先生に初めてお目にかかったときから、「この方とは何か波長が合うな。深いご縁を感じる」と思い続けていたのです。たいへん失礼な話なのですが、『ヤオイズム』で語られているように、まさか脳科学をこんなに詳しくご存知とは、思いもよりませんでした。

矢追　そうですか。

保江　一応僕も、脳科学をかじっていますので共感するところがたくさんあったのです。
濱野恵一先生（＊元ノートルダム清心女子大学・大学院心理学教授。文学博士。専攻分野は発達心理学・生理心理学）のことが書かれていましたね。
巻末には、引用・参考文献として、『脳とテレパシー』（河出書房新社）という濱野先生のご著書が載っています。

それで驚いたのですが、実はこの濱野恵一先生は、僕が教鞭をとっておりましたノートルダム清心女子大学で、僕の唯一の理解者だったのです。

ノートルダム清心女子大学では文系がメインで、僕の専門の物理学などの理系はあまり力を入れていない分野でした。

ですから、僕のような物理学者は教授会等でも異端扱いで、浮いているような存在でした。

その中で唯一、声をかけてくださって、ときどきいっしょに飲みに行ったり、いろんなことを議論したりしたのが濱野先生でした。

僕の当時の助手になった学生が、濱野先生の教え子でした。濱野先生がその子を僕の助手にとアレンジしてくださったので、僕はとても助かったのです。

残念なことに、濱野先生は数年前にお亡くなりになってしまいましたが。

矢追　そうだったのですね。

保江　「『次女がユリ・ゲラーの番組を見て、スプーンが曲がるようになった』と濱野先生の本に書かれていた」という記述がありましたね。
その娘さんはその後、少女漫画の漫画家になりました。岡山の濱野先生のご自宅で作品を作っていらして、東京の出版社が出している少女漫画雑誌で毎月連載しているような、著名な作家になっていらっしゃいますよ。

濱野先生も、

「うちの娘は、好きなことをやればいいんだよ」とよくおっしゃっておられました。まさにその考え方も、ヤオイズムですね。

矢追先生はテレビディレクターとして、たくさんの伝説的な超常現象番組を制作されてきましたよね。ユリ・ゲラーの番組も、大学生だった頃の僕は食い入るようにして観ていました。

ユリ・ゲラーくらいの力を持っているなら、本当はほんの一瞬でスプーンを曲げることができて、すぐに番組が終わってしまうところだったのでしょうが、矢追純一ディレクターがその魅力を時間いっぱいに引き伸ばして見せてくれたおかげで、視聴者が夢中になれる番組に仕上がっていました。

濱野先生の娘さんも夢中になって、心の赴《おもむ》くままに試してみたのでしょう。スプーンを曲げられるようになったのです。

「やればできる！　自分にはその才能がある」と思いながらやってみたら、本当に曲がったと聞いています。

夢を叶えて漫画家になれたのも、その実現力の賜物でしょう。

岡山の田舎にいたら、少女漫画の作家になんてなかなかなれるものではありません。東京の出版社に持ち込みをするなんていうのも、そうそうできないことでしょう。

しかし、彼女はそれを実現していたのです。まさに、ヤオイズムの実践です。


濱野先生は、お若いときから足が不自由で、歩くときには杖をついていらっしゃいました。兵庫県の芦屋と西宮の間の地域に、地主の息子さんとして生まれて、悠々自適に育ったそうです。家のすぐそばにあった関西学院大学の心理学科の大学院まで進み、心理学の研究をしておられました。

お父さんは、戦争前からあのあたりにたくさんのアパートを経営していらっしゃったようですが、その中の一番安いアパートの、四畳半一間ぐらいの部屋になんと、少年の頃の松下幸之助氏が住んでいたそうです。その部屋で電球の二股ソケットを発明したというのですから、面白いですよね。

お酒を飲むと、よくその話をして下さいました。お話も上手で、楽しい方でした。

矢追　すごいエピソードですね。

保江　僕が物理学者でありながら脳の研究についてもかじるようになったのは、濱野先生のおかげなのです。

彼と様々なことを話して、たくさん教えてもらったことで、だんだんと興味が湧いてきたのです。最初はお酒を飲みながら適当に聞いていたのですが（笑）、すぐにもっと深く探求したいと思うようになりました。

濱野先生はご自身を、

「心理学の分野において少し異端扱いで、みんなから敬遠されていた」とおっしゃっていましたが、そのためか、他の研究者などが濱野先生の話を引用されるのを見たことがなかったのです。

そうしたら『ヤオイズム』に載っていて……濱野先生が生きていらっしゃったら、とても喜んだと思います。

矢追　それを聞くと、私も嬉しいですね。

保江　この『ヤオイズム』という素晴らしい本に引用されているというのはやはり、相当な価値があります。

矢追　ありがとうございます。

理想の車に乗るビジョンへと続いた流れ

保江　先ほどの思いどおりの人生を送るコツは、「流れに身を任せて生きる」ことという一節ですが、最近、そのとおりの体験があったのです。

実は、僕はこれまでに2台のベンツを潰しています。2台とも、一番大きいSクラスです。

1台目は、「何かおかしい、変な音がしだしたな……」と思い、ヤナセに持ち込んだところ、「エアサスペンションがほぼ潰れていますね。特に前の右側は完全に潰れている。左は穴が開いて空気が漏れている。後ろも間もなくそうなるでしょう。いったいどんな運転をしたんですか？」と聞かれました。

実際、よくいえばアイルトン・セナのような運転をしていたので、サスペンションが保たなくなったのですね。

矢追 エアサスが全部ダメになるとは、相当ひどいですよね。

保江 高速道路で運転するときの癖なのですが、シフトチェンジなどでエアサスに負担がかかってしまったのかもしれません。

「では、修理をお願いします」というと、

「概算見積もりで50万円ぐらいです」といわれました。

「合計で50万円ですね。お願いします」というと、

「一本50万円ですから、4本で200万です。それから、エンジンもよくない音がするので分解してみますから、500万はみておいてください」というのです。

500万だったら、小さいベンツなら新車を買えるじゃないか、ということでもう廃車にしてしまいました。

　そして、ヤナセの営業マンが持ってきたベンツに試乗していたときです。岡山の家の車庫にいつものようにバックで入れるのに、安全確認で後方を見ようと、運転席のドアを開けて顔を出そうとしたのですが、その瞬間、エンジンが止まり、自動的にギアがパーキングに入りました。

　最近では安全のために、ドアが開いたら自動的にそうなる仕様になっているのだそうです。でも、癖でついドアを開けてしまいますし、やはり目視で確認したいのでその車はやめました。


　その後、運転手付きで乗られていた京都の知り合いから、

「所有していたSクラスのロングボディに飽きて、SUVのもっとゴージャスな車にしたいから、さしあげます」といわれまして、ありがたく譲っていただきました。

　その車種は、ドアを開けても止まらない、元のままの仕様で、ギアの位置も以前と同じでしたから都合がよかったのです。

　ただ、左ハンドルでした。車庫に入れたら運転席側が壁のぎりぎりになるので、助手席に移動してから外に出ていました。それも面倒なのですが、運転をよく交代してくれる岡山の秘書が、左ハンドルが難しかったようで、

「もうやめてください」といい出しまして……。

それで仕方なく僕だけが運転して、九州の広範囲などを走っていたのです。

そうしたら、また悪い癖が出てしまいました。ああいうSクラスのゴージャスな車は、荒い運転をしてはいけないのに、また壊してしまいました。

これもまた、修理代が300万円かかるといわれてしまい、タダでいただいた車にそんな高額の修理費用をかけるのも馬鹿馬鹿しいと思って、それも廃車にしました。

1年半くらい前の話です。

「次はどうしよう、今回は新車がいいかな」と思いましたが、国産の新車はどれも面白くないしと、迷っていました。

そのうちに、軽自動車でジープのような、スズキのジムニーという車を見つけました。ベンツのゲレンデワーゲンのような形の車です。これはいいなと思いましたが、とても人気があるとかで、新車は1年半待ちだそうです。

すぐにでも欲しくなった僕は、四駆の世界ラリーを走っていた名古屋の昔からの友達に相談してみました。すると、彼と四駆の仲間が手分けして探してくれて、まだ2000キロしか走っていない中古のジムニーを見つけてくれたのです。

すぐさま購入して、1年間で1万7000キロも走りました。

矢追　タクシー並の走行距離ですね（笑）。

保江　岡山から九州へ、そして九州の鹿児島から北の能登半島まで、そして四国の全域を走り回ったのですが、この車はマニュアル車だったのです。

岡山の秘書は、マニュアルの免許を取得してはいるのですが、自身の車はずっとオートマ車なのです。やはり、なれないマニュアル車は怖いというので、結局1万7000キロをずっと僕が運転して、秘書は助手席で居眠りしているという……。

「勘弁してよ、僕もそろそろ年だよ」と思いつつ、なんとか運転していたのですが、あるときに「もう無理だ」と限界を感じまして、やはりベンツのオートマで右ハンドル、そしてドアを開けてもエンジンが止まらない昔の仕様のものにしようと決心しました。

そして、一番信頼できて車好きな神奈川県の知り合いに、その条件で探してくれるようお願いしたのです。

ところが、なかなか見つかりません。やはりそういう時代のものは、大事に乗っているオーナーが多いので、市場に出てこないようでした。

できれば、秘書にほとんどの運転を任せて自分は助手席でのんびりしたいので、どうしても理想のベンツを手に入れたい。

目標は、僕の条件を満たすベンツを見つけて、運転は秘書、僕は次の目的地を指示するだけの殿様状態です。

そして、浮かんできたのは、運転席に座る黒革のミニスカートの美女の足がスラッと伸びるビジョンです。助手席でのんびりはしていても、目に映るのは楽しいビジョンなわけです。

そこで、秘書にミニスカスーツの制服を作ろうと思いつきました。制服ですから、着てもらえて当然でしょう（笑）。

ベンツは内装が革なので、完璧なマッチングです。

横浜の馬車道に、小さい店舗なのですが革ジャンなどの革製品を、注文したとおりに作ってもらえるお店があります。

たまたま見つけたお店なのですが、僕も本当にかっこいい、イメージどおりの革ジャンを作ってもらったことがあり、かつ安いのです。

それで、岡山の秘書が上京した今年（2022年）の5月の連休の頃、連れて行って採寸してもらい、注文しましたが、完成までに3、4ヶ月ほどかかるとのことでした。

目当てのベンツを探してくれている友人は、

「まだしばらくかかりますよ。やっぱりオーナーはみなさん、手放したくないみたいですから」と。

しかし、9月までには完成するというミニスカスーツに対して、車は依然ジムニーのままなので、どうしようかと思っていたのです。

そんな中、岡山で使っている古い軽トラックが坂道を登らなくなってしまいました。

それは、35年前のスバルサンバーという名の、エンジンをかけるのにチョークを引っ張らなくてはいけない古い仕様の車です。電子制御ではなく、ディストリビューターで点火をするという、骨董品のような車なのです。

それをカーキの軍隊色に塗って、右翼かという目で見られながら、ゴミを捨てるときなどに岡山市内で走っていましたが、とうとう坂道を登らなくなったのです。全然馬力が出ないうえ、オイル漏れもしてきたので車屋さんに持っていったら、

「寿命です。だいたい今まで乗っていたのが異常ですね」といわれました。

しかし、岡山での生活には、片付けやゴミ捨てに軽トラックがどうしても必要なのです。


そこで、中古の軽トラを探すことにしました。岡山市で探していたのですが、ピンとくるものがありません。

軽トラというのは、だいたい座席がリクライニングにできずに疲れるものですが、ダイハツのハイゼットという特殊な軽トラがあります。リクライニングができて、かつエアコンもカーナビもすべて付いているというのを、たまたま知り合いの京都の車屋さんが持っていました。

それで、岡山から軽トラを持って行き、新しい軽トラに乗って岡山まで帰ることにしました。

車屋さんは京都市郊外ですが、お店にうかがうのは初めてだったので、

「ちょっと店の奥まで見てみますか?」と聞いてくださいました。

一見、普通の車屋ですから、たいしたものがあると期待したわけでもないのですが、時間にも余裕がありましたので、

「じゃあ、見せていただきましょう」ということになりました。


売り物の車は、青空駐車で置いてあります。それは見ても面白くないからということで、車庫に案内されました。

すぐに目についたのは、真っ赤なフェラーリでした。僕は前から、実はフェラーリが欲しかったので、

「このフェラーリは売り物?」と聞くと、

「いやいや、違いますよ」と答えます。

「じゃあ、あなたの?」

「いえ、これはもう売ったものです。あるお医者さんがこの車を買ったはいいのですが、

奥さんにいうと叱られると……。家に持って帰るとバレるから、ここに置いておいてほしいということで、ずっと置いてあるのです」と。

その話を聞きながら、ふっとその車の隣を見ると、なんと、シルバーメタリックのベンツがあったのです。よく見ると、一番格好のいいCLSという車でした。

「これなら、運転席を開けてもエンジン止まらないよね?」と聞いたら、

「もちろん止まりませんよ」と。

「これも誰かが置いているの?」と聞いたら、

「これは売り物です」というのです。

「やった!」という歓喜の思いで、もう即座に、

「買った!!」といいました。店主は、

「こんな即決でいいのですか?」というのですが、

「もちろん!」といって購入したのです。

内装は黒の革のみという、15年前のものです。それなのに、2万キロしか走っていないそ

うです。

元は、その車屋さんが新車で売ったそうで、買われた京都の方はずっと車庫に置いて、ほとんど乗っていなかったのだとか。

手放すことになったときに、その車屋さんが引き取って、それからずっと、そこの車庫に入れっぱなしだったそうです。フェラーリと並んで、そのベンツも長い間、車庫に納められていたのですね。

革の内装と、秘書のミニスーツのうまいマッチング映像が浮かんできて、とても楽しみになりました。

そして納車してもらい、秘書と一緒に上賀茂神社でお祓いもしてもらったのです。

本当に、ヤオイズムのとおりに、いろいろとよいところに落ち着きまして。

矢追　それはよかったですね。

保江　やはり目標を決めたら、思うように行動するのがいいですね。

望みを実現させる人、させられない人

矢追　今聞いていて思ったのですが、コツは自分に自信を持つことですね。
自分が思ったことは必ず実現すると、変な自信を持っていないとダメなのです。
保江先生は、いつもご自身に自信をお持ちになっている。だから、すべてがうまく運ぶのです。

保江　まさに、変な自信は持っています（笑）。

矢追　根拠のない自信ですね。
「こうなったらいいな」と思っているだけの段階から、実現する人とそうでない人がいます。

保江　やはりそうですか。

矢追　根拠のない自信にあふれているような人だと、思ったとおりのことが向こうからやっ

てくるのです。

保江　向こうからくるのですか。

矢追　そういう人は、自分から何かをやってはダメです。ただゆっくり待っているだけで、棚ぼたのようにどーんとくるのです。

保江　棚ぼた、まさにそうです。

車のお祓いなんかしたのは初めてですよ。でも今回は僕の人生で最初で最後と思って、お祓いをお願いして、車屋さんにその神社で納車してもらったのです。

もう二度と潰したくないという強い願いを込めようと思っていたら、上賀茂神社の権宮司様がわざわざ来てくださいました。

矢追　さすがです。

保江　藤木権宮司様という、ヤタガラスの家系の方でした。神社庁から派遣される宮司様はしばしば代わられるのですが、上賀茂神社では血筋が続いている権宮司様として、ずっと藤木家がなさっているのですね。

その後、そのベンツを運転してみました。それまでにベンツは3台乗っていて、最初は小さいCクラス、その後にSクラス、Sクラスのロングの2台です。

今回は4台目のベンツだったのですが、もう今までのCともSともまったく違い、こちらの思いどおりに運転できるのです。

助手席に乗った岡山の秘書は、

「また潰すでしょう、これ」というのですが、今までで一番肌に合って、僕の手足のように動いてくれますので、潰す気はまったくしません。

もう、嬉しくて仕方がないのですね。

矢追　よかったですね。

保江　はい、ありがとうございます。矢追先生ならわかっていただけると思いました。あの車が、僕の棺桶になればいいと思うぐらい気に入っています。最後のおもちゃを手に入れました。

矢追　運転がお好きなのですね。

保江　はい。運転に関しては、こんなエピソードもあります。

東京の足立区の獣医さんなのですが、毎週末の金曜の夜から出かけ、信州の八ヶ岳に登って、そこの岩の上でずっと座っているというのです。

そして、日曜の深夜か月曜の朝に東京に戻ってきます。

八ヶ岳の中でも辺鄙《へんぴ》な、人も来ないような奥まった場所の岩なのだそうですが、4月になってもまだ雪が積もるようなところなので、冬場は座っていると身体に雪が積もり、完全に雪だるまになるそうです。

しかも、彼は軽装備で普通の長袖のジャケット程度、山用の防寒具を身につけていません。まるで都心で歩いているような服のまま山に入るのです。

これまでに数回、山岳救助隊に遭難者なのかと思われて、声をかけられました。

「遭難していません、大丈夫」といって事なきを得たそうですが。

その修行のおかげか、その方はずいぶんと覚醒されています。

獣医のお仕事だけではなく、多くの人のカウンセリングもされていらっしゃるそうです。

神様からのお言葉もいただけて、それを書いて本にしたともおっしゃっていました。

右脳モードの車の運転で起きることとは

保江　その方との出会いは、飲み会の席でたまたま隣に座ったことでした。

僕は本来、そうした修行をなさるような、真面目なイメージの方とはあまり波長が合わないのですが、あちらから話しかけてこられたのです。

お話を聞いて、

「僕には根性がないからそういうことは無理ですけれど、もっと手軽に覚醒できるような方法はありますか？」と聞きました。すると、

「ありますよ。車の運転がいいのです」とおっしゃるのです。

運転免許を取ってすぐの方や、ハンドルを握りしめるように緊張している人は、左脳で考えながら運転しているから危なっかしくて事故を起こしたりしますね。

しかし、慣れた人の運転は、右脳を使っています。左脳を使って考えていなくても、体が勝手に操作してくれているような感じなのです。

だから、運転が好きだという人はたいてい、覚醒のようなモードになれているのだそうです。

矢追　なるほどね。

保江　そういわれたら、確かに僕もそうです。

岡山から東京までの運転は、片道10時間ほどかかるのですが、まったく苦にならないのです。むしろリラックスできるのですね。

新幹線で他人と近い距離で座って、4時間ぐらいで移動するよりも、車のほうが好きです。

おそらく、右脳モードといいますか、考えることのない無心の状態が続くからだと思います。

矢追　そうですね、きっと。ほとんど瞑想状態ということですね。

保江　それなのです。こんな楽な方法でいいのかと、我が意を得たりという思いでした。

今回は、このご報告が一番にしたかったことでした。

この『ヤオイズム』に、川の濁流に流された話がありましたね。あのとき、他の子供の引率者だった牧師さんが溺れているのを目の前でご覧になったという。

そして別のときには、銃で打たれたロシア兵の頭が吹き飛ぶのを間近でご覧になったということですよね。

そんな体験を普通の人間はできませんし、していないでしょう。よっぽど選ばれた方でないと体験できないお話です。

しかし今の時代、車の運転であれば、免許さえ取れば誰でもできます。

そして、例えば物を運ぶといった仕事や、通勤に使うという手段などとは別に、レジャーや日常から離れるという目的のドライビングをもっと広めていくと、もう少し穏やかな社会になりそうな気もしますね。

矢追　なるほど。車の運転を瞑想の手段にするというのはとてもいいですね。今、初めてわかりました。

保江　僕も、本当に運転中は考えていない……、その状態になっていればなっているほど、なぜか信号にも引っかからないのです。

矢追　瞑想状態だから、思いどおりになるのです。

保江　はい、そうです。

僕の知り合いに面白い人がいるので、少しそのお話もさせてください。

彼は、元々は営業マンで、社用車で物を運んだり、お得意さん回りをしたりしていました。

会社では、月々の個人の営業成績などが貼り出されていましたが、それを支店長や社長が見て、成績の悪い社員には叱咤激励をするそうです。

張り出された紙には、その月に使ったガソリン代も書いてあり、どの営業マンもかなりの量のガソリンを使っているのですが、彼のガソリンの使用量は、一番少なかったのです。

それを見た社長が怒って、

「お前はサボってばかりいるな」といいました。

けれども、その隣に示されている彼の営業成績は、ダントツなのです。彼は、

「サボっていませんよ。皆さんと同じか、それ以上、お得意様を回っています。業績もいいでしょう?」と答えます。

「じゃあ、なんでこんなにガソリンの使用が少ないんだ」と社長がいうと、

「僕の車は、ガソリンをあまり使わないんですよ。走ってはいるんですが」と答えるのです。

その理由と思われるのは、彼は、朝に会社を出るときに車を拭いて綺麗にして、

「今日も頑張ろうな、よろしく!」と声をかけてドアを開け、エンジンをかけるときも、エンジンに向かって、

「今日も快調。気分よくいこうな」と話しかけるということなのです。

そうしていると、タイヤが減らず燃費もいい、信号にひっかからないと、もういいことずくめなのだそうです。

今では、対向車線を走ってくる車の悲鳴が聞こえてくるといいます。彼の運転の車に同乗させてもらったときも、

「今すれ違った車は、運転手がかなりひどい扱いをしているらしくて泣いている」とか、

「今の車はわりと喜んでいる」などといってくるのです。

それも、本当にわかっているのだろうと思えますね。

矢追　実際に声をかけるということが大事なのですね。言霊ですね。

保江　そう、言霊です。思っているだけではダメなのだそうです。

最初は、他の営業マンに聞かれたら格好悪いと口には出さなかったそうなのですが、声を発した日のほうが、はるかに調子が良かったと。

だからもう、今では他の誰がいようとも、

「今日もよろしく！」と大きな声で語りかけます。乗り終わったときは、また綺麗に拭い

たりしながら、

「ありがとう！」と車に抱きつくのだそうですよ。

矢追　それはいいことを聞きました。

みんなもそうすれば楽かもしれないですよね。なかなかできることではないでしょうが。

保江　そこがさっき、矢追先生のご指摘にあった根拠のない自信というものです。変なやつだと周囲から思われたくないという人にはできないですね。

矢追　そうですね。でも、そんなに大きなメリットがあるなら、自信をもって声がけをしたほうがずっといいですよね。

保江　絶対にいいですよ。

しかし、こんなことを知っていながら、僕は荒い運転で2台も潰してしまいましたからね……。東京の秘書に、

「念願だったベンツをやっと手に入れたよ。ヤオイズムのとおりで、目標を決めると本当に流れができてくるんだよ。思いどおりにね」と得意げにいっていたら、その子がポロッと、「ベンツ2台潰した人がよくいうよ」と（笑）。

矢追　やられましたね（笑）。

保江　はい。

それから、例えば、片道3車線の高速道路で坂道になり、登坂車線があったら、4車線になりますよね。

だいたい、登坂車線は空いていますから、僕はここぞとばかりに遅い車を追い抜こうとするのです。そういうことをやっているときはやはり、いかにして我先に行くかということを考えるような左脳モードになってしまっています。だから、車も調子が悪くなるのですね。

いつも右脳モード、瞑想状態で走らないと、車も順調には動いてくれません。

矢追　そうですね。車に限らず、なんでもそうかもしれないですね。

保江　はい。それがまず一つ、この『ヤオイズム』を拝読して感動したことです。内容にももちろん感動しましたが、ちょうど私がそういう体験をさらにしたことで、もう確実だと信じられたのです。

それから濱野先生のことまで引用されていたり、脳科学のくだりでは細かい脳の中身のことまで書かれていて、まるっきり想定外でした。

驚いたのはそれだけでなく、理論物理学者である僕でさえかろうじて知っているようなコアなセオリー、「人間原理」にまで言及されていたことです。

一般的な物理学者や、実験系の物理学者だったら、まず人間原理なんて知りません。理論物理学者でも、本当に基本の基本を研究している人しか人間原理という説は知らないはずです。それが、この本の後ろのほうに書いてあるのです。

人間原理とは、この世界が、例えば僕にとっての世界と、矢追先生にとっての世界が違うという話です。認識が違っているだけではなく、認識が違っている、イコール実在の世界が違っている、ということなのです。

やっと最先端の物理学でそんな方向性の研究がされ始めたばかりなのですが、既に矢追先生が指摘されていたのですね。

脳科学、理論物理学、瞑想の方法、人間の本質、哲学の奥底などなど、僕の一生である70年をかけて、いろいろと流されてきて得た知識が、全部ここにあるのです。

それが、どこかの学者先生の書き残した本に書かれているというのならまああるかもしれませんが、この『ヤオイズム』にあったのが、とても嬉しかったのです。

矢追　ありがとうございます。
人はそれぞれ……、地球では80億通りの世界が重なって、存在しているのでしょうね。

保江　80億通りの世界が重なっている、おっしゃるとおりですね。

理論物理学者ぐらいは何人かそういうことをいい出せばいいようなものなのに、誰もそんなことをいわないのです。むしろ、気付いてさえいないかもしれません。

ごくごく特殊な、それこそ僕のような変人物理学者だけがそうしたことをいうのですが、世間は冷たい目で見るのです。おかしな物理学者だとか、変態だとか思われてしまいます。

僕は、UFOや宇宙人を追いかけて、テレビに注目したり矢追先生の本をいろいろと読んだりして、あちこちに行ってみました。

しかし、結局、僕自身もUFOや宇宙人はそれほど重要ではなく、このヤオイズムに惹かれてこうなってきたのだなと、結論が出てきました。

矢追　そういっていただけて嬉しいです。

本当に、僕は物を考えない人間ですから、左脳モードはないですね。いつも右脳でしか生きていない感じがします。

ですから、出版にしても、本を出したいと思っているわけではなく、流れがひとりでにそうなるのです。

その前段階としては、「こういう情報をみんなに知らせてあげたいな」とか思ったりすると、放っておいてもいつのまにかそれが本という形になって実現するということなのです。

だから楽ですね。何を考えることもなく、いつでも素でいればいいという感じなのです。

保江　いつでも素のまま。まさにそれが秘伝ですね。

矢追　そうですね。

保江　矢追先生の場合は、秘伝でさえなく、オープンにされていますから。

矢追　どんなに頭がいい人でも、頭で考えることはたかが知れているのですね。
ですから、左脳は捨てたほうが得ですね。

保江　そのとおりです。

矢追　左脳は捨てて、というよりもともとないものとして、右脳だけで生きるということは、なんとなく素でいられるということなので、どんな人にとっても楽かもしれません。

広島のコンタクティ――115番元素の働きとは

保江　あるとき、僕のホームページ宛に、北海道の余市に住んでいる女性からメールがとどきました。

通常は、東京の秘書が僕宛にきたメールや手紙は全部チェックしてくれます。

そして、有益だったり、これはと思うものだけ見せてくれるようになっています。悪口や、クレームのようなものはまったく見せません。

そのおかげで、僕は平然としていられるのですね。100通のうち、僕の目に入るのは1通か2通くらいです。

ところが、珍しく、

「こんなメールがきていますが、どうされますか?」と、秘書が僕に見せたメールがありました。

それは、子供時代に広島でUFOにさらわれて、それ以来、今でも宇宙人が操縦するUFOによく乗せてもらっていろいろと教わっているだけでなく、アメリカのUFOの極秘研究施設によく行くという日本人を、ぜひ紹介したいというものでした。

僕がときどき帰る岡山から広島までは、新幹線でも30分程度ですから行ってもいいかな思い、少し前に広島まで行ってきました。

本当は、広島の名物料理、「豚もやし」を久しぶりに食べたくなったというのがメインの理由です。

広島には鉄板焼きの店がたくさんあり、お好み焼きが有名ですが、それ以上に美味しい料理なのです。安い豚バラともやしのみを鉄板で炒めた料理なのですが、それだけを大量に頼み、つまみにしてワインをたくさん飲むのが大きな楽しみなのですね。

つまり、豚もやしを食べるために岡山の秘書を連れていったようなものでした。メールの送り主さんには申し訳ありませんが、そんなに期待をしていたわけではなかったものですから。

するとその日、ちょうど秋篠宮ご夫妻が広島に来られているということで、警備や規制のためにあちらこちらで渋滞が起きていました。

最初、面会の予定だったホテルのあたりも渋滞していたので、広島駅近くの喫茶店のテラス席で待っていてくださいました。

お会いしてみると、お歳の頃は若く見えるのですが、ご本人がおっしゃるには80過ぎというご年齢だそうです。矢追先生ともお会いされていたようですが、○○さんという方を覚えていらっしゃいますか？

矢追　ご存知のように、僕は何でもその場で忘れてしまうので、お会いしたかどうかまったくわかりません。
たぶん、僕以外の人の記憶のほうが正しいので、お会いしたのだと思います。

保江　その方が、写真をどんどん見せてくださるのです。

お若い頃に、エリア51にいたというときの写真も見せてくれたのですが、水爆の父として有名な、エドワード・テラー博士と並んで写っているのです。

それから、テラー博士のところで働いていたというボブ・ラザーとも写っていました。

ハチソン効果のジョン・ハチソンとも、ハチソンの自宅でいっしょに写真を撮っていたりするのです。

矢追　それは珍しいですね。

保江　僕は矢追先生の本に掲載されていた写真で、彼らを見ていましたから、「これ、ラザーですよね。こちらはテラー博士、そしてハチソン」というと、「よくご存知ですね」と喜ばれました。

彼らが、若い頃の姿で写っていたのですが、それだけではなく、エリア51でUFOのメンテナンスをしているところの写真もあったのです。

そこだけは撮影禁止だったそうなのですが、カバンにカメラを隠し入れて、盗撮してきたとおっしゃるのです。だから、変わった角度だったりしていました。

矢追　それはすごいなぁ。

保江　工事現場用のヘルメットを被ったアメリカ人が何人もで、UFOを整備しているところや、エリア51にあった写真を撮ったという、月の裏の基地の写真を見せてくれました。彼

がそれを指して、

「どこかおかしなところがあるのがわかりますか？」と聞いてきます。

見てみるとその写真には、宇宙飛行士の宇宙服を着た男性が2人、月面に立っていました。なんらかの設備の横で写真を撮られているのですが、アポロだったら月面には2人しか降りないので、2人が同時に写ることはないですよね。

矢追　そうですね。

保江　それで、

「これ、3人目の人が写しているから、アポロではなくて、なんらか別の方法で月面に行っているんですね」というと、

「やはりわかりますか」といわれました。

どうも、そこまでは、彼は僕のことを値踏みしていたようでした。どこまで話ができるのかと……。そこからは、安心したようにいろいろと教えてくださったのです。

月面に基地を作ってアメリカが何をしようとしているのかや、ボブ・ラザーもいっていた「原子番号115」の元素についてです。

ボブ・ラザーは、115番元素を何に使用するかということについては言及せずに、反重力線が出るから飛ぶというUFOの構造を公開しているだけでした。

原子番号115番元素は地球では採れず、月でもなぜか、裏側でしか採取できない鉱物です。

彼が、

「なぜ月の裏にあるのかわかりますか?」と聞いてきました。

そのときに、長年の疑問がふっと解けたような感じがしました。

疑問というのは、なぜ月だけがいつも、同じ面を地球に向けて公転しているのかというものです。

矢追　そうですね、不思議です。

保江　僕は、大学は天文学科を出ているのですが、天体力学で考えるとありえないのです。

天体は、必ず少しずつ自転の周期がずれていって、いつかは裏が見えてくるものなのです。

ロケットや宇宙船だったら微調整して、常に裏を地球から見えないように制御することができるでしょうが、自然の天体が地球の周りを公転していく何千年、何万年もの間に、絶対に裏の面を地球に向けないということはありえないのです。

ですからこの話は、天文学上のタブーなのですね。いってはいけないことであり、口に出せば変なことをいう人だと思われます。

それまでは、月は宇宙人の乗り物で、姿勢制御しながら回っているからそうなのだろうとも思っていたのですよ。

しかし、その月の裏の写真を見せていただいたときにボブ・ラザーの原子番号115元素の話をされたので、

「元素115が反重力物質であれば、地球から遠ざかるほうにしか行きません。地球の引力の反重力で、向こうに行こうとします。月の表側は普通の重力物質ですから、地球に引っ張られています。

それで、いつまでたっても裏側と表側が変わらないということになり、僕の長年の疑問も解けますね」というと、彼は机を叩いて、

「やはり、わかっていますね！」と興奮したようにいいました。

「では、１１５番元素はやはり、反重力物質なのですか？」と聞くとニコッと笑って、

「実はそうなんです」と。


今、アメリカは、月の裏で反重力物質の元素１１５を採ろうとしているのです。

例えば、今の潜水艦や戦艦に使われる鋼鉄は、15センチ以上の厚みがあって丈夫なのですが、重すぎて飛ばすことはできません。でも、その元素１１５を素材とした何かを積み込むとすると、反重力の分だけ軽くなります。

その場合、宇宙戦艦ヤマトも夢ではなくなるのです。

これまでのアポロや普通の宇宙船は、軽くするために筐体《きょうたい》が薄いでしょう。

そんなものが宇宙空間に行って、ものすごいスピードで流れてくるさまざまにある微小デブリ（＊破片・瓦礫）にぶつかられたら、いっぺんでやられてしまいます。

しかし、戦艦クラスの15センチの鋼鉄の厚みがあれば、そんなものが少々当たっても壊れることはありません。これまでよりもずっと安全に、宇宙航行ができるのです。

そんな内容のことがなぜかとうとうと、口から出てきたのです。

彼はとても喜んでくださって、

「そこまでわかってくれたのでしたら、今の話をぜひ本にしてください」とおっしゃるのです。

「こんな写真ならいくらでも提供しますから、それを使って月の裏に原子番号115元素があるということを公表してください」と。

それに、

「極秘情報も中にはありますが、あなたは絶対に守られているから、そんな本を出してもどこからも攻撃されません。大丈夫です」といわれまして。

僕もこの根拠のない自信に後押しされ、

「じゃあ、出しましょう」ということになりました。

「なぜ月は、常に地球に同じ面を見せているのか？」という疑問への仮説として、月の裏側に反重力物質があるからだということをカミングアウトしたらどうかと思っています。

そして、なんとかトヨタ自動車や日本政府を誘導し、かぐやで月の裏に行き、日本もアメリカのように元素115を採取するのです。軽いので、簡単に地球に持って帰れるはずです。

それを例えば、重量2トンの乗用車に積むことで重量が1トンぐらいになれば、燃費も格段に良くなりますし、タイヤのすり減りも減少するでしょう。

矢追　そうですね。一大革命です。

この対談でも、公表するという役目は十分に果たせますね。

保江　はい、もうこの場で公表したことになりました。

彼は、元素115を月の裏側から日本に持ち帰り、自動車やいろんな産業基盤に使ってもらうことで、エコに貢献していきたいといっています。

矢追　それはいいですね。

UFOを開発する秘密の研究会

保江　実は僕は、もう大昔になりますが、トヨタ自動車の当時の会長であった豊田英二さんつながりの研究プロジェクトに呼ばれたことがあったのです。

あの方は、空を飛ぶものが大好きのようにうかがいました。

ロスオリンピックの開会式で、背中にジェット噴射器を背負った人が降りてきたでしょう。あれもお持ちだったのです。

車の後ろにジェット噴射器を積んでおいて、渋滞に引っかかったらサンルーフを開けてジェット噴射の力でプシュッーと飛び出して目的地に向かうという、そんなこともお考えだったようです。


ちょうどあの頃、本田技研がビジネスジェットを開発するとアナウンスしたため、豊田英二会長は、

「ホンダがビジネスジェットなら、うちはUFOだ。そうじゃないと釣り合わない」と、UFOを作る秘密研究を始められたのです。

それから、日本の物理学者や工学者で、密かにUFOを研究してきたという人物を探す、特命係長を任命して捜査をしました。

僕は、その特命係長に声をかけられ、プロジェクトに加わりました。メンバーは結局、10

人ぐらいはいたでしょうか。

行ってみると、学会では「ＵＦＯなんかないよ」というような人までいました。

その人に、なぜそのプロジェクトに参加したのかを尋ねると、

「ＵＦＯなど存在しないと主張しているのは建前だ。科研費をもらうためには仕方がない」

とのこと。


僕はそこで、結局２年間研究を続けましたが、最初に注意されたのが「飛ばすな」ということだったのです。

「完全に浮いてしまったら慣性が働くので、動いている最中に止めることが難しくなる。逆噴射しないと止まらないのでは効率が悪い。だから、完全に浮くのはむしろ困る」と。

それよりも先述したように、乗用車の重さが半分になりさえすれば、燃費はずっと良くなりますし、タイヤも減らず、道路も長持ちします。これこそエコですよね。

運搬が目的のトラックでも、積載する荷物も含めて重量が軽くなってくれれば非常に効率が良いでしょう。

そうして２年間研究した頃に、英二会長がお亡くなりになってしまったのです。次の代で

は、創業家ではない方が社長となりましたので、
「なんだこのプロジェクトは。こんなのが公になったら、トヨタの株が下がるじゃないか」
ということで、その研究は解散になってしまいました。

矢追　そう聞いたことがありますね。

保江　「実は、豊田英二会長はまさにそれを求められていたんですよ」というお話を広島の男性にしましたら、
「今は、創業家の養子さんが社長でしょうか。彼ならやってくれるかもしれませんね」と。
単に車を飛ばすよりも、役に立つような話ですよね。

矢追　本当ですね。

保江　テスラやスペースX社などが、月面に民間人を連れていく計画を立てています。
最初はああいったものを利用して行き、現地で物資を調達できれば、帰りは反重力効果で

割と楽に帰ってこられます。

矢追　面白そうですね。ぜひ実現して欲しいです。

保江　熱気球とか飛行船は、今は気体の浮力で浮かんでいます。しかし、もしも反重力物質115が気軽に手に入ったとしたらどうでしょう……？　車の天井にも、ペタッと貼り付けておけば、車体が軽くなったりするのです。

月刊ムーの2022年の7月号に、久しぶりにユリ・ゲラーの記事が出ていたそうです（編集部注：タイトル「ユリ・ゲラーが警告‼　異星人の地球侵略が迫っている⁉」）。

宇宙人からの信号が届いたというのですが、それが事実らしいのです。宇宙のどこかから、これまではなかったような電波が届き、ユリ・ゲラーはそれを、宇宙人が地球侵攻をしている、もしくはする前兆ではないかというのです。予言めいたものでもありました。

その記事には、ユリ・ゲラーのコメント以外のことも書いてありました。彼が昔、透視したことの説明などもあったのです。

その中に、ユリ・ゲラーは昔、アメリカのスタンフォード研究所などの実験に参加していて、エジプトのピラミッドはどうやって作られたのか……、巨大な岩をどうやって運んだのかといったことを、透視したという記述がありました。

そこでもやはり、反重力効果のことが出ていました。空飛ぶ絨毯のようなもので、その重い巨石を浮き上がらせて、簡単に運んだといっているのです。

ユリ・ゲラー来日時の驚愕の逸話

保江　矢追先生はやはり、ユリ・ゲラーと親しくされておられたのですよね？

矢追　番組の特番で呼んだときなど、よくアテンドしていましたね。

イベントなどにも付きそうことがあり、千葉のデパートのイベントにも、私がついていったことがあります。

まず起こったのが、エレベーターが開いたらガチャガチャと、曲がったスプーンやフォークがいっぱい落ちてきたことです。みんな驚いているなか、ユリが、

「ついてきちゃった」というのです。

「ついてきちゃったんだから仕方ないよね、矢追」というので、

「いいも悪いもしょうがないから、知らん顔して行っちゃおう」と私はいいました。

そうして進んでいった廊下の片側に、ずらっとロッカーが並んでいました。その前を通り過ぎながら、ユリが冗談まじりに、

「曲がれ、曲がれ」といって右手をなびかせながら歩いていくと、鍵が全部曲がっていたのです。それで一緒に歩いていたデパートのスタッフが、

「矢追さん、これ、とても高いんですよ！　取り替えるのに何百万もかかります」となげいていました。私は、

「あっそう、私は知りませんよ。だって、世の中で右手をこうやっただけで鍵が曲がるということはありえないでしょう。科学的な根拠がないじゃないですか」と、シレッと（笑）。

保江　訴えられたとしても、裁判にならないですね。

矢追　「出来心で曲がったんじゃないですか」といってごまかしたのです。

保江　日本では、超能力は裁判になりませんから、何をやっても大丈夫です。

矢追　証拠がないですものね。

保江　ないですね。それは一瞬で曲がったのですか？

矢追　そう、一瞬です。私はすぐ後ろをついて歩いていたのですべて見ていました。

ロッカーに触ることなく、１メートルくらいは離れていたのに、それでも曲がるのです。

やっぱり、ユリはすごいですよ。

テレビでやっているのは、ユリにしてみたらショーですからね。スプーンなんてちょっとやればもうすぐ曲がってしまいますが、彼はわざと時間を延ばして見せているんですよ。

それも、金属がどうのこうのとか喋りながら、とことん間を空けていくわけです。本当に曲げるところまで、うんと時間をかけるのです。

やはりショーマンですね、彼は。

保江　すごいですね。カメラを回していないところでそんなことがあったとは。

矢追　当時、ユリをホテルニューオータニに泊めていました。

そのニューオータニの窓から、前に建つ鹿島建設のビルが見えました。ちょうど鹿島ビルの最上階ぐらいの高さに彼の部屋があったのです。

そこでユリが、なにかをじっと見ているので、

「何をやっているの」と聞くと、

「あのビルのKAJIMAって、イスラエルの言葉のカディマに似ている」と。

「カディマって何？」と聞くと、前進という意味なのだそうです。

「だから、何か前進することになるのかなと思って見ている」というのですね。

そのうちに、写真を撮り始めました。すぐに現像して見られる写真で。

保江　ポラロイドですね。

矢追　そう、ポラロイドです。撮っては私に渡して、私がカバーをめくる役だったのです。見てみると、鹿島ビルの上にＵＦＯがたくさん写っているのですよ。ちっちゃい黒いものが飛んでいるのですね。

「ユリ、写っているよ」というと、

「本当だ」と興奮していました。

ユリの手の平にある写真を見ていたら、その写真の上に金色の光がパッと煌《きら》めきました。何かなと思ったら、金の指輪なのです。突然現れた指輪に、ユリが一番驚いているので、

「なんだなんだ。ユリ、これどうして持ってきたの」と聞いたら、

「これ実は、昨日泊まっていたホテルで、シッピが首から下げていたチェーンについていた指輪なんだよ。それが昨日なくなって騒いでいたんだけど、今ここに出てきた」というのです。シッピというのは彼の弟分で、その来日時は同伴していました。

保江　どうして出てきたかはわからないのですか？　どういう因果関係だったのか。

矢追　因果関係はわかっていません。普段からそういう調子なのです。

レストランでユリにご飯を食べさせたのですが、彼がシッピに何を食べたいのかを聞くと、

「チキンがいい」というので、注文してあげました。

先に、突き出しというのか、前菜みたいなものがついてきました。小さな小エビなどが、
ちょこちょこと並んでいるのですね。ユリが、

「矢追、これは何だ」と聞くので、

「これは前菜だ」と答えると、

「鳥の餌かと思った。これが前菜?」というのですね。アメリカやイギリスの前菜はもっとたくさんありますからね。

それを食べて、次にメインのチキンがきたのですが、ユリが黙々と食べているので、

「それが注文したチキンだよ」というと、

「嘘だろ。これさっきの続きの、前菜の一部なんじゃないの?」と。

あちらの人々は食欲も違いますからね。そのぐらい、やっぱり日本とは一品の量が違うのですね。

そのレストランでは、箸が箸置きに載っていました。

箸が黒塗りで、箸置きも金箔が少し入っているような、高級そうなものでした。ユリが、

「これ綺麗だな。欲しいな」というのですが、

「ダメダメ。これは売り物ではないし、客が持って帰っていいものではないんだよ。高いものなんだからそこに置いておけ」というと、

「そうか」としぶしぶテーブルに戻し、名残惜しそうに店を出ました。


そして、エレベーターの前に立ったとき、エレベーターのドアにカチンと当たる音がして、何かが落ちたのです。

拾って見てみると、その箸置きだったのですよ。そうしたらユリがすごく喜んで、

「これ、ついてきちゃったんだからいいよね」といって、ポケットに入れてしまいました。

「俺、何もしていないもん」と。

保江　すごいなぁ。

矢追　一事が万事、面白いんですよ。いろんなことが起きて。

保江　以前も、予言めいたことを話すことがあったのでしょうか？　イメージ的には、スプーン曲げしかしていないような感じだったのですが。

矢追　ありました。

保江　矢追先生といるときにも、何か予言したりとかはありましたか？

矢追　私が聞かなかったから記憶もないのですが、たぶん、聞けば答えたでしょうね。どっちにしても私は本気にしませんからね。

保江　今、何歳ですかね。70歳ぐらいでしょうか。

矢追　70代ですよね。その割には若いですよ。最近は噂を聞かないですが、どうなっているのでしょうね。
油田の発見で儲けているという話もありましたが、私はホラだと睨んでいます。彼はホラを吹くのが好きなのですが、そういうときのほうが面白いですね。テレビなんかも、ちょっとやったらスプーンは曲がるけれども、ああでもないこうでもないと時間稼ぎをしているといってね。そういうところが商売人なのですが、能力は本物なのですよ。

保江　彼に跡継ぎはいないのですか？

矢追　子供がいますが、ユリの能力はあまり遺伝していないみたいです。あの子が後を継いでくれれば面白いのですが、あまりその話はしないですね。
でもね、ああいう人が世の中にいるという……、人間にはそういう能力があるのだなと思うと、それだけで楽しいです。人間は本当にすごいですよね。

パート2　ＵＦＯは地球内部からやってくる?!

2039年に起こるシンギュレーションとは?!

保江　矢追先生にお会いするのは、今日で3回目となります。

入手困難なベンツを手に入れるという目標に向けて、秘書のミニスカスーツの制服を馬車道のお店でお願いすると、その後トントン拍子でうまく車が手に入ることになるという流れがありました。

ちょうどその頃に、エリア51に行った広島の方から、月と反重力物質115番元素についてうかがい、本を出しましょうといわれたという、この流れすべてがヤオイズムです。

矢追先生と初めてお目にかかってから、流れが変わったようなのです。

矢追　これから先も楽しみですね。

保江　矢追先生は、最近流れが何か違うな、と思われるようなことはありますか？

矢追　そうですね。今、2039年問題というのが話題になっているのですが。

保江　僕はそれを知りません。どんなものでしょう？

矢追　２０３９年に、シンギュレーションがくるというのです。

保江　ＡＩのですか？

矢追　シンギュレーションとは、臨界点という意味なのです。つまり、今までの文明の終末というか、臨界に達するということです。
いろんなことをやってきて、ここで沸点に到達した……、それが臨界点になると。
つまり、世界が一変するということなのです。２０３９年というと17年後ぐらいですね。

保江　『奇跡のリンゴ』で有名な木村秋則さんも、宇宙人からそんなことを教わったという話がありますね。

矢追　ありましたね。僕が木村さんに会ったときにも、彼はそんなことをいっていたのです。もうあと17年とすると、私が今87歳ですから104歳になる頃ですね。だいたい、そのへんが寿命ですね。

そのシンギュレーションで地球の大激変があって、人類が滅ぶのかなと思ったりしています。

保江　80億の地球人がいて、80億通りの宇宙が重なって存在しているのですが、その中で一番主たるものが、矢追先生の宇宙なのでしょう。

矢追　そうなんですか。

保江　絶対そうですよ。一番悟っておられて、一番のヤオイズムの中で生きていらっしゃいますから。

そういう方のほうが、宇宙への影響が大きいと思うのです。頭で考える理屈っぽい人の宇宙は、ほとんど他人の宇宙を借りているようなものです。

ということは、17年後、１０４歳を迎えた先生がお亡くなりになるとすると、それで矢追先生の宇宙が消える……するとかなりの数の人の宇宙が消える、これがシンギュラリティーになるのではないでしょうか。

矢追　それが正しいとすれば、この世界は長くてあと17年なのですよ。

つまり、人類社会はそこで終わるということです。いったん終わって、その後、新しい世界に変わるということかもしれませんね。

保江　僕もなんとなく、そう感じています。

僕は、自分の岡山の家に、戦闘機のコックピットとかを並べてアホな生活をしてきたために、娘に、

「死ぬ前にそれを片付けて」といわれて面倒に思っていたのですが、僕自身が死んだらもうこの世界はなくなるという、それこそ根拠のない確信があったのです。娘もいなくなるはずなので、困ることもありません。

ですから、まるっきり片付ける気もなかったのですが、アルカダイヤモンドというダイヤの販売会社の社長さんが欲しいとおっしゃられたので、「あげるよあげるよ」と差し上げることにしました。

ただ、僕が亡くなる影響よりも、やはり、矢追先生がお亡くなりになる影響のほうがはるかに大きく、大多数の人の宇宙が消えるというシナリオかもしれないですね。

矢追　まあ、今のこの世界状況を見ていても、だんだんと終わりに近づいている感じがしますよね。

世界大戦も絵空事にとどまらない気もしますね。ロシア対アメリカのような形も相変わらずです。

保江　少し前、犬吠埼の沖160キロを、ロシアの戦艦や軍用艦が7隻も、これみよがしに通過しましたね。日本も対岸の火事ではすまないのかもしれません。

矢追　きな臭いですよね。アメリカとロシアがぶつかりそうな気配になっていますから。そうなるともう、第3次世界大戦ですよ。そのへんで終わるかなと思っています。

保江　いっそ、一度終わらせたほうがいいかもしれません。リセットできますから。

矢追　そうやって一事が万事、進行していくのではないでしょうか。一度頂点まで達して、それが分散したところからまた新しい世界が生まれてくるという。

保江　そうですね。

矢追　だとすると、あと17年……割とすぐですね。

保江　もうじきですね。しかし、17年あればけっこう楽しめるなと、今、思いました。

矢追　はい。これは無責任な話に過ぎませんけれど、そういう考えもあるかなという感じで受け止めていただけたらと思いますね。

太陽フレアが活発になったことで起きている現象

保江　ところで、僕はあまり、電気自動車がいいものだとは思っていません。昨今、話題になっている自動運転もです。

やはりガソリン車の、エンジンがバリバリいう一般的には耳障りな音が好きなのです。

静かで音もなく近寄ってくる、電気自動車やハイブリッドは大嫌いです。

でも、世の中がだんだん電気自動車、電気自動車と盛り上がってきたのでちょっと嫌な気がしていたのですが、あと17年ならガソリンのままでもいけますよね。

矢追　そうですね。

保江　ロシアとアメリカ、それぞれがこのまま意地を張り合って、第3次世界大戦開幕となり、世界をリセット、つまり一度この世界が消えてしまうという可能性は、今のままでは非常に高くなります。

でも、別の理由で、この世界をなくしたほうがいいかもしれないな、とふと最近思ったのです。

さきほど申し上げました、八ヶ岳に毎週末行って瞑想されている方が、初めて会ったときにしてくださったお話があります。

彼は、八ヶ岳の農家の方々と親しくしています。4月に、八ヶ岳の山を降りてその農家の方々にお目にかかったとき、今年は変だと皆さんが口を揃えておっしゃっていたそうです。

とにかく、異常気象だと。

そこでは、例年よりも雪解けの水が大量に出てきていたそうですが、同時に、まだ雪が降っていたのです。気温は例年同様に低いままなのにも関わらず、なぜか頂上付近からの雪解け水が多いというのですね。

従って、流れてきた雪解け水が、いつもより冷たいということでした。冷たすぎるので植物の種が発芽しないというのです。

それで、今年は不作だといいます。「お手上げだよ」と。

実際、気温は低いので、雪が解けるわけがないのですが、山の上のほうで雪が解けている……。

そのとき、僕は一応、「物理学者です」と自己紹介していたので、「例年と何が違うんですかね？」と聞かれました。

そこで、あっと思いついたことがあったのです。

水が雪や氷として固まって結晶化した分子は、まるでミッキーマウスのような形で、二つの耳が水素原子、顔の部分が酸素原子という、いびつに結合している姿なのですね。

いびつにくっついているために、その中で動いている電子の滞在時間もいびつなのです。あまりこっちのほうにはいなくて、あっちのほうばかりに電子がいるので、プラスとマイナスに分かれてしまうんです、電気が。

電子が多いほうがマイナスで、電子が少ないとプラスになります。

プラスとマイナスに分かれているのですが、それは、磁石がNとSに分かれているようなもので、電気的にくっつきます。そのことを水素結合というのですが、その水素結合で水の分子が互いにくっついたものが氷や雪なのです。

温度が上がるということは、この水素分子がカチャカチャと動くことなのです。温度が高くなると、激しく動きます。その動きでくっつきあっている電気のプラスマイナスが離れてしまう、それが、解けるという現象です。

ですから、温度が上がっていなければ、動かない、つまり解けないはずなのです。でも解けているということは、プラスとマイナスの電気がくっつきあうのを邪魔するものが、何か山の上にあるということになります。

そして、地球環境で唯一、それができるのは太陽フレア（＊太陽における爆発現象）なのです。

太陽から荷電粒子が飛んでくると、普通は北極や南極の上空だけに集まってそこでオーロラを発光させるのですが、北極、南極以外の磁場の影響をかいくぐって到達するほどに強いエネルギーを持った荷電粒子が、北緯35度のこのあたりにまで飛んできているということになるのです。

そう考えると、気温が低いままで雪が解けることにも説明がつきます。これは、太陽フレアがかなり活性化されているということです。

太陽フレアは荷電粒子で電荷を持っていますから、空気中はそんなに進めません。ですから、まだ地表までは到達できないのでしょう。

しかし、２０００メートル、３０００メートル級の山頂には到達できているのですね。

気になったので、部屋に帰ってからネットで調べてみました。

すると、太陽フレアの活動が今、どんどん活発になってきているのです。

超巨大フレアがいつ地球に向かってきてもおかしくないという状況にまでなっており、黒点の数や大きさが増しているのだそうです。

ということは、ひょっとして第3次世界大戦などの後、あるいは前である17年後に、神様が怒って地表まで届く強力な太陽フレアを発生させたとしたら……、社会インフラの基盤となっている電気設備は全部アウトですし、我々人間も無傷ではすみません。

矢追　そうですね。

保江　そちらの可能性も高いですね。

矢追　やっぱり世紀末ですから。
　あまり楽しくない、不吉な話になってしまいますが、しかし現実を見ると、どうも２０３９年問題というのはあるのかもしれないです。

保江　矢追先生が以前、地底人のお話をされていましたが、太陽が巨大太陽フレアを地球の方向に出してくるということが、過去においてもときどきあったらしいのです。

地底世界は実在するのか

保江　太陽系の惑星であるとするならば、一番安全なのは地中ですね。

矢追　そうですよね。

保江　ひょっとすると、ずっと文明を維持してこられているのは、地底人だけですよ。

おそらく地表人は、ときどき太陽フレアで消えているのです。

矢追　そうかもしれないですね。惑星の誕生を考えると、コア部分が空洞だということは、地球だけでなく水金火木土天海冥、すべてそうなのではないかと思うのです。

保江　そうですね。月がそうだということは、地面に振動を与えるという実験でわかっていますよね。

矢追　ＮＡＳＡが今、一生懸命にいろいろな探査機を飛ばしているのも、どうもそのへんのことを解明しようとしているのではないかと思うのです。

保江　なるほど。

矢追　なぜ空洞になっているのかというのが、ある程度わかったそうなのですが、惑星ができるときには、コア部分は空洞にならざるをえないということなのです。

保江　木星型の惑星はほとんど気体、ガスのままです。金星とか火星、地球といった岩石でできている惑星は、ごく限られていますよね。

矢追　中心部分はマグマで、ドロドロの溶岩のようになっているわけです。それが膨張するというか、力が外に出ようとするのですね。

真ん中のマグマの溶岩は外に行こうとして、地球の表面側に張り付くように引きつけられます。そしてある程度の地殻ができると、今度は重力の中心が地殻のほうに行ってしまうので、今度は溶岩が中心に引き付けられて、そこが空洞化するというのが原因のようです。

保江　それは、すごくわかりやすいですね。

矢追　地球の場合は、北極海に大きな穴が開いているのが、スペースステーションからの映像にもはっきりと映っています。

穴の中に海水が流れ込んで、その海水は地殻の内側に張り付くわけですよね。

保江　当然、そうなりますよね。

矢追　そこに北のほうの人が船のまま入り込んで、その人たちが地底人としてもう一つの世界、つまり内側の世界に今も生存しているという話です。

僕たちが見るＵＦＯの一部は、そこから飛んできているということのようです。そのほうが近いですからね。

遠くの宇宙からやってくるわけではないということです。

保江　ありえそうですよね。昔のバイキングなどの伝説とも合致しますね。

海底に吸い込まれて、裏の世界へ……というような。

矢追　そうですね。バード少将の日記というものがあります。

彼は海軍少将で、軍の命令で北極の上空を飛ぶのです。北極から帰ってきて、その一部始終を報告するのですが、その後、バード少将はその内容を公表することを禁じられ、精神がおかしいということになって海軍病院に収容されてしまいました。そこで殺されたか、死んでしまったようなのです。

そのバード少将の日記を、奥さんが遺品整理をしていて偶然に発見し、出版したそうです。

保江　本になっているのですか？

矢追　はい。どうもバード少将は穴の上空を通るとき、そばにＵＦＯがいて、それに連れられて内部世界に行ったようです。そこで長老といわれる代表者と会い、一問一答をしているのです。

保江　その長老という人は、元々は地球人なのですか？

矢追　地球人が船に乗ったまま入り込んだ、という話なのですが、それは本当だろうと思っています。そうだとすると、火星にも水星にもそういう人が地底に住んでいる可能性がありますよね。我々が飛ばしている探査機だと、地底は見えませんものね。

地上だけを見ているから、何もないという話になっているのかもしれませんね。

その長老との一問一答の中で、太陽にも大陸があるといっているのです。

太陽の大陸の一番大きな火山は、オリンポスという名前がついていて、そのオリンポスが吹き上げる噴煙や、炎の中のいろんな地底物質などが、太陽の黒点に見えるのです。

保江　それがフレアとして、地球にまで影響を及ぼしているのですね。

矢追　木星にも、大赤斑（＊木星の南半球に存在する巨大な楕円形の嵐）というのがありますが、あれもやはり、木星の大陸の一番大きな火山が噴き上げている噴煙らしいですね。

保江　そこからも電波が放射されていますよね。

矢追　はい。その日記に書いてあることは、真実ではないかという気がするのです。

保江　地底に行ってしまった人のほうが、進んでいるのでしょうね。

矢追　そうです。どうしてかというと、戦争がないからです。

地上と違って中は温暖で、いつも、ちょうど人間が住みやすい27度ぐらいなのだそうです。地底ですから風の動きがないので、台風もありません。地表はそのときどきの気象によって台風が発生したり、洪水が起きたりといろいろな問題がありますけれども、地底世界は温暖で、そうした災害もないのです。それで住民がみんな満足しているので、戦争がないのですね。

保江　豊かなのですね。

矢追　暖かくて、熱帯雨林のようにたくさんの植物があるらしく、それらの実を食べているだけでも満ち足りて、のんびり生きていけるらしいのです。

保江　まさに、楽園なんですね。

矢追　戦争って、だいたい食べ物を争うでしょう。

保江　食べ物とエネルギーで争っていますね。

矢追　地底世界はそういう意味でも、平和な楽園なのだそうです。

保江　なるほど、確かに中のほうが安全ですよ。

矢追　隕石も飛んできませんし。小惑星との衝突とかもないですから。
だから、それは大いに考えられるという気もしますね。

保江　地表で第３次世界大戦が勃発してどんなに核爆発をやろうが、中に影響はほとんどありませんものね。

矢追　そう考えると、火星人も水星人も、木星人も中にいるのでしょうね。

保江　昔からずっと存在し続けているのですね。文明は本当に発達していることでしょう。
……ひょっとするとこの地球の内部にも、元素１１５があるかもしれませんね。

矢追　そうですね。あるかもしれません。

保江　空洞の内部世界に元素１１５が反物質元素としてあるとしたら、地表からは反重力で離れていきますから、ちょうど真ん中に浮いてしまいますね。
よくある地底世界の絵には、真ん中に太陽みたいなものがありますよね。あれは、元素１１５があるなら可能です。ちょうど真ん中に反重力物質の塊ができますから。
ラザー博士がいうように、元素１１５が放射線を出していたら、そのエネルギーを光に変換していたり……。

矢追　なるほど。

保江　月まで採りにいかなくても近くにあるのかもしれません。
北極にあるというその入り口が、ロシアに近いというのがちょっとネックですね。

最後の秘境、スヴァールバル

保江　デンマークの北のほうに、スヴァールバル諸島があります。そこは、ノルウェー領の群島らしいのですが、どういうわけか全世界共有地なのです。
スヴァールバル諸島の国際的な扱いについて締結された「スヴァールバル条約」というのがあるのですが、その条約を批准している国の国民であれば、ビザなしで住めて、外国の戸籍のままで商売もできるようです。

矢追　国連が決めたのですか？

保江　国連ができるより前から、そういう立ち位置のようです。日本もその条約に批准しているので、日本人もそこに永住できます。

ただ、ものすごく寒いところなので……。

矢追　寒いのは厳しいですね。

保江　地表に住んでいたらブリザードやら寒波やらで大変なので、ほとんど室内や、地下施設に暮らすことになるのだそうです。ひょっとして、地底世界にもつながっているかもしれませんね。

この諸島のことを初めて知ったときに、なぜだか老後はそこに行きたいと思ったのです。実現のために動くということはまだしていないのですが、そこは北極に近いので、もしかして地殻が薄く、裏の世界へのトンネルでもあるのではないでしょうか。

北極の穴に海伝いで行くよりも、安全に向こうに行けそうです。

矢追　偵察に行ってみたいですね。どういうところなのでしょう。

寒いというのが嫌ですけれどね。

保江　そうなのです。日本人が想定するより、はるかに寒いところですから。
地下の施設にいればいいのかもしれませんが。

矢追　知人でもいないと、地下施設に入れないかもしれませんね。

保江　既に住んでいる人の信頼を得られれば、意外に簡単に地底世界へのルートが開けるのかもしれません。矢追先生が、特番を作るのはいかがでしょうか。

矢追　そうですね。そうしたら堂々と行けますね。

保江　「最後の秘境、スヴァールバル」とか銘打って。

矢追　番組になれば、お金も出ますものね。

保江　日本人は、国外ですぐに永住できるところがあるなんて知らないでしょう。日本が嫌になったら、スヴァールバルに行けばいいという。

警察の手もそこまで及ばないと思うので、犯罪者になった場合に逃げるとしたらスヴァールバル、みたいになりそうですね。

最後の秘境でもあり、最後の楽園という感じがします。

矢追　日本人が誰でも行くことができる、地球で一番安全な場所といったところでしょうか。北極点に近いところですから、穴にも近いですしね。

保江　テレビにもあまり放映されたことがなく、知られていないということは、徳川の埋蔵金と同じように、何か隠されているものがあるのではないでしょうか。

地底人と絡めると、テレビ番組がいくつか作れそうですね。ぜひ、矢追先生にプロデューサーで制作していただきたいところです。矢追先生の番組だったら、視聴率が取れますよ。

現地の人に、ＵＦＯや宇宙人の情報を聞いたら、意外に日常的に見ているかもしれないですしね。

ネットで見ますと、マイナス50度の世界とあります。

矢追　もう、地下でないと住めませんね。

保江　外にしばらくいたらもうダメですね。じっと立っていても足の裏から凍傷になりそうです。

寿司屋やラーメン屋もあるということですから、食事もなんとかなりそうですよね。ちょっと安心しました。

あと10数年後に巨大な太陽フレアがやってこようと、ロシアのプーチンがプッツンしてアメリカと核戦争を起こそうと、いざとなれば地底世界に行けるのです。

たぶん、根拠のない自信を持っているような、僕たちはきっと行けるでしょう。

矢追　そうですね。

保江　意外に近いところに助け舟がありましたね。
将来的に地球環境が悪化したときに、火星や新しく住める惑星を探して移住しようといったプランが出ていますが、それよりはるかに近くて現実的です。

日本の地下都市はどこにある？

矢追　ええ。それから、日本にもそうした地下都市があるという話がありますよね。

保江　日本にですか？

矢追　どこかの山の地下にあると聞きました。それは、核戦争や大きな事変が起きたときに、政府要人や軍の幹部などをいち早くそこに逃がしておくための場所になっていると。
そういう人たちが全滅してしまうと、後の対処ができないということだそうです。

保江　第２次世界大戦中でも日本のどこかにありましたよね。山梨でしたか。

矢追　どこだったかは忘れてしまいましたが、山脈のある所ですね。山梨でもあり得る話です。特に戦争中は、要人を逃しておかないと国家が続かないですからね。

いってみれば、緊急時の大本営を用意していたと思うのです。要人にも家族がいるでしょうし、かなりの人間が何年間か住めるだけのインフラが整っていたのではないでしょうか。

今でも、そうした施設があるのだと思いますよ。

保江　今は合併されて太平洋セメントになっている秩父セメントは、武甲山という山の石灰岩を掘っているのですね。明治以降のインフラを整えていた頃から、東京都内のビルを造るセメントのほとんどを、秩父セメントが作っているのです。

その武甲山の石灰岩を掘っているところは、空洞になっているのだそうです。ひょっとしてその空洞や、そこの地下でしょうか。

秩父だと、東京から2時間弱で行けますからね。

矢追　近いですよ。

保江　その武甲山という山ですが、実は、秩父神社の御神体なのです。御神体の山を削って、明治維新以降、東京が作られたのです。

土地所有者が秩父セメントに採掘の権利を売ったので、掘り続けられてしまうのですね。

これからもあと50年間ほど掘っていくそうなのですが。

秩父セメントは神社に寄進して、神社内の施設などを作っています。それから、地域の人の迷惑にならないように、正午にしか発破《はっぱ》をやりません。正午になったらドカンと発破をし、それで崩れた石灰岩をセメントにして持っていくのです。

矢追　なんだか、バチが当たりそうですね、それで作っている東京に。

保江　そうなんですよ。だから、首都直下地震が起きたらそれはバチなのかもしれません。

秩父神社の御神体は、珍しいことにアメノミナカヌシ（天之御中主神）なのです。

アメノミナカヌシと秩父宮雍仁親王の御霊が御神体なのですが、あまりないことですよね。

あの時代の天皇家の方々の御霊がすでに御神体という。昭和陛下だったらないことでしょうが、弟君だったからいいのでしょうね。

中は今も、かなりの大きさの空洞らしいです。これからもっとその空洞が広くなって、逃げる場所としては一番広い所となるでしょう。

矢追　電車ですぐに行ける場所ですね。

保江　秩父では、星まつりというものがあります。その星まつりでは、京都の祇園祭りで市中を巡る山鉾《やまほこ》よりも大きい鉾が、８基も練り歩くのだそうです。

秩父の街には、その大きい鉾を通すために電線を通していない通りもあるのです。こんな祭りについても、あまり知られていませんよね。

矢追　そうですね。

保江　知られていないということは、秩父というところに、あまり意識を向けさせたくないという、なんらかの動きがあるのかもしれません。ですから、先ほどのお話で、ひょっとして秩父かなと思ったのです。

秩父神社は、建物も境内も本当に立派なのですが、宮司様がまたおもしろい方なのです。園田さんとおっしゃる宮司様は、なんと東大の神道哲学に行かれて、神道の研究で世界的権威となり、京都大学の神道哲学の教授を長い間なさっていたという経歴の持ち主です。もともと、秩父神社の宮司家の方でしたが、宮司になる気はさらさらなくて、京大の教授をなさっておられたのですね。

お父様がお亡くなりになったときに、神社に宮司がいなくてはどうしようもないということで神社に戻されたのだそうです。

日本での万博のときに、神社分庁がパビリオンを作りたいといったのですが、政府が神社や神道のものはちょっと、と難色を示したのです。

そのときに、「緑のパビリオン」という名前にして、日本の神道の考えがきちんとわかるような展示場を作るというアイディアを出されたのが、この園田宮司です。

神社本庁の中でも、かなり頭が切れる方です。しかし、もともとは学者先生ですから、運営などにはあまり長けてはいらっしゃらないので、今は息子さんや周りの方がサポートされて、どんどん盛り上げていいます。

あれほど地域に溶け込んでいる神社は、私もうかがって初めて見ました。活力があるのです。街のど真ん中の一等地にある大きな神社で、土地の人は皆、しょっちゅうお参りにきています。

ただただ、その御神体の武甲山が毎日掘られているというのだけが悔やまれるのですが、そのセメントで東京が作られているのだから、東京自体が御神体だという見方もできますよね。

矢追　なるほど、そう思えば、いいお話ですね。

ＵＦＯは地球内部からやってくる?!

保江　それにしても、地底世界の話で、僕は非常に安心しました。火星や月に逃げていく手段も今のところありませんし、地底のほうがずっと身近ですから。

矢追　地底世界に入れてもらったら、万事大丈夫なのですよ。今後の自然災害を考えてみても、地底に住むほうが理にかなっています。

保江　安全ですものね。地表には宇宙線、つまり宇宙からの放射線もときどきますが、地底だとそれもないから老化しにくいでしょう。ですから、地底人はおそらく長寿でしょうね。俗にノルディックという金星人的な宇宙人は、北欧の白人系の透きとおるような肌を持っているといいます。地底にいれば、いやでもそうなりますよね。

矢追　ノルディックというのは、ノルウェーのスヴァールバル諸島の近くですね。

それから、地底の重力はどうなっているのでしょうか？

保江　地表よりは若干、重力は弱いです。

弱いというのは、地底の上空（？）にあたる反対側の地殻部分には引っ張られていますが、それはわずかです。

上空の地殻までは距離があるので、そんなに影響はありません。自分の足元の地殻に引っ張られているほうがずっと強いでしょう。

一方、地表では足元の地殻が全部、強く引っ張っています。でも地底世界では、半分とはいわないまでも、8割ぐらいの引力になるから楽でしょうね。体が軽く感じられますから。

逆に、地底世界にずっと住んでいた人が地表世界に来ると、ちょっとしんどいでしょうね。

ですから、ノルディックを始め、いわゆる宇宙人として見つかった人たちの骨は、細くて長いのですね。こっちの重力からすると少し不利です。すべて説明がつきますね。

確かに何百光年とか、何万光年離れた他の星からＵＦＯでやってくるというのはリスクが高すぎます。地球内部から来るほうが安全です。

矢追　そうですね。はるかに理屈に合います。

保江　それに手が2本、足が2本という基本的な構造が同じ宇宙人が多いですよね。尻尾があるとか、形はちょっと違うものもありますけれども。

どこかはるか遠くの星から来るのなら、もっと極端に形が変わったものが多くてもいいはずです。

地底人については、最近になってますます話題になってきていますよね。以前はだいたい、荒唐無稽と捉えられていたのが、最近は本当にいるという人が増えてきました。

僕も、昔から地底人世界を見てきたという人の話を知っていますが、一番うさんくさく思っていたのが、地球の中心部分に太陽のように光るものがあるという表現です。

「そんなものを中心に維持するなんて、絶対に無理だよ」と思っていたのであまり真剣に考えていなかったのですが、「元素115のような反重力物質があればありえるな」と思うようになったのです。

元素１１５の影響で地底世界の真ん中に集まってくるものが、ボブ・ラザーがいうように、なんらかの放射線を発してエネルギーが出ているのであれば、ちょうど太陽のように光り輝くでしょう。

パート3　アナスタシア村の民が組み立てるUFO

アナスタシア村の民が組み立てるＵＦＯ

保江　ＵＦＯや宇宙人について研究しているロシアの研究所で働いていた日本人の女性から、うかがった話があります。

いくつかの著書に書いたのですが、もう少し詳しくご紹介しますね。

赤松瞳さんという方なのですが、その研究所というのは、ロシア政府が宇宙人の協力のもとにＵＦＯを作っているという機密施設なのです。

兵庫県の丹波の西に千ヶ峰という山があるのですが、ＵＦＯがよく出現する場所です。その白龍神社という小さな神社で、老婦人が御託宣を降ろすのですが、その御託宣が当たるので一部で有名になっていました。

ところが、その老婦人には後継者がいませんでした。そんなとき、ロシアから日本に一時帰国していた赤松さんがその方とつながって、

「私の後を継いでください」という話になり、最初、赤松さんは乗り気だったそうです。

白龍神社では、年に一度のお祭りの「宇宙祭」があるのですが、赤松さんはそこに講演に来られることになっていました。

その情報が、先述のトヨタのＵＦＯ特命係長さんから僕に寄せられたのです。

「赤松瞳さんという、ＵＦＯを作っているロシアの研究所で働いている唯一の日本人が、白龍神社で講演をします。ごいっしょしませんか？」と。

「もちろん行きます！」と二つ返事をして、姫路で特命係長さんの車に乗せてもらって、現地まで赴きました。

しかし、赤松さんは次の代の巫女様の扱いでしたから、おおぜいの氏子さんに囲まれており、僕と特命係長さんは簡単に近づけなかったのです。

話しかける機会をうかがっていたのですが、講演会も終わり御神事も終わって、直会《なおらい》でみんなで助六寿司を食べているときに、「今なら行ける」と、赤松さんの席に突撃しました。

「すみません。僕は理論物理学者なのですが、ちょっとお話をうかがいたいと思いまして。トヨタ自動車でＵＦＯに関する仕事をなさっている方もごいっしょしています」と話しかけたら、

「ごめんなさい。今日はこの神社の氏子さんたちに呼ばれていて、この後も奥で歓迎会を開いてくださるというので無理だと思います」といわれてしまいました。

それで、席に戻り、2人ともあきらめたのですが、10分くらいすると彼女のほうからやってきて、

「お車をお持ちですか?」と聞くのです。

「はい、車で来ています」と答えると、

「後で神戸電鉄の駅まで送ってくださいますか。それであれば、少しの時間どこかでお話しできますよ」といってくださったのです。

「いいのですか?」と聞くと、

「私もここでは少し場違いですから、本当は抜けたかったのです。では挨拶してきます」といって、氏子代表の席に戻って、宮司にも頭を下げておられました。

その後にもいろいろと予定はあるようなのに、彼女が急に帰るといい出したので周りは驚いていました。

車に乗っていただいて、どこで話をうかがおうかと思いながら走っていたところ、喫茶店がありました。

「喫茶店でいいですか？」と聞き、了解を得ましたが、その間ずっと彼女は、まるでＳＦ映画で宇宙人にさらわれた身でもあるかのように無表情なのです。講演の最中も、終始無表情でした。

30歳を少し過ぎたくらいに見える小柄で可愛い女性でしたが、まったく笑顔を作ることなく、淡々と話すのです。講演中、僕らは、

「宇宙人にチップを入れられているのでは」と話していたくらいです。

喫茶店の席に座っていただいて、

「なんでも好きなものを頼んでくださいね」といって、メニューをお渡ししました。

彼女はメニューを開き、

「うわー、こんなにいろんなものがあるんですか」と、初めて笑顔を見せてくれました。

兵庫県には、発達した喫茶店文化があります。朝昼晩、いつでも喫茶店でご飯が食べられるのですね。

どんなに田舎でも、喫茶店に行くと、コーヒーなどの飲み物やアイスクリームなどの甘味はもちろん、うどんなどの麺類や定食、カレーライスなどの洋食、ステーキまで、なんでもあるのです。

朝はモーニング、昼はラーメン、夜はハンバーグ定食と、ジャンルの違う料理を同じ店で食べることができます。

矢追　私が兵庫県に行ったときも、確かに喫茶店で食べることが多かったですね。

保江　やはりそうですか。笑顔になってドリンクとパフェをオーダーする彼女を見た僕らは、スイーツ好きな普通の女性だったと少しホッとしました。

それから3時間ほど、貴重な話を披露してくれたのです。

その研究所は、ロシアのサンクトペテルブルグにある、ロシア政府が宇宙人と共同でUFO研究をしているという施設です。

聞けば、彼女自身はUFOの研究には携わっていないとのことでした。ただ、彼女の研究室も同じ建物にあったので、製作中のＵＦＯなどを見ることはできたそうです。

ＵＦＯは巨大で、働いているのはロシア人の科学者と宇宙人だったといいます。

「宇宙人は、どんな格好をしているのですか?」と聞くと、やはり北欧の人、ノルディックの外見だそうです。ですから、一見、普通のロシア人と見分けがつきません。

では、なぜ宇宙人とわかるかというと、言葉を喋らないからだそうです。

「では、テレパシーで意思疎通をするのですか?」

「まあ、そうですね」

「テレパシーで会話をするということですね」

「いえ、お互いの話が頭の中に浮かんで意見交換をするのではありません。一瞬でドカンと大量の情報がきて、後はしばらくこないのです。その情報は、必要なときに必要なものだけが勝手に解凍されて、脳裏に浮かぶというものです」

宇宙人が、ロシア人の科学者にＵＦＯの設計図や設計方針、原理などをそんな方法で伝えているのです。紙の図面などを見せてもらうわけではなく、ロシアの科学者の頭にまとまって入ってきた情報がときどき解凍され、頭の中に現れてきたものを、CAD《キャド》などで図面にしたり、データにしたりするのだそうです。

どういう物質を部品として使い、どういうふうに組み立てをするかという情報まで出てくるといいます。それに沿って部品を作っていくのですが、中にはロシアで採れない鉱物で作らなくてはいけないということもありました。

隕石の中を探せばいいという情報がきて、隕石を入手して作ったというのです。

しかし、そうして必要な部品をすべて作り、設計図どおりにロシアの科学者が組み立てたものは、飛ばないのだそうです。

そこで宇宙人に、

「飛ばないじゃないか」と文句をいうと、

「どうやって作ったのか」と聞くので、

「設計図どおりにきちんと作って、ロシアの最高レベルの科学者たちが組み立てた」と伝えました。

すると、

「だからダメなんだ」というのだそうです。

「もう一度、すべての部品を作り直して、組み直しなさい」というのです。

それで再度、部品を作り、それを組み上げようとする段階で、宇宙人が、

「ロシア人の科学者が組み立てたら、また飛ばないよ」というのです。

「じゃあ、どうすればいいんだ」と聞くと、

「シベリアの奥地にアナスタシアという村があって、そこの人たちは昔ながらの生活をしている。電気もない、水道もないような村なのだ。そこの住人を連れてきて、その人たちに科学者が指示を出し、組み立ててもらうように。科学者は触ってはいけない。そうすれば飛ぶよ」と答えます。

そこで、いわれたとおりにアナスタシアの村人を連れてきて、後ろから科学者が指示をして組み上げました。そうしたら、本当に動いたのです。

宇宙人に説明をしてもらっているときに、赤松さんもその場にいたのだそうです。彼女の仕事に関連することだからと、同席させてもらえました。

実は、ＵＦＯの機械電子部品は、単なる部品ではないそうです。すべての部品には魂が込

められており、それを科学者が精密につなげただけでは、魂同士がつながらないといいます。けれども、アナスタシアのような、原初の生活をして自然と溶け合っているような人たちが、愛情を持って組み上げていけば、部品と部品の魂がつながるというのです。つなげたすべての部品が一つになって初めて機能する。UFO全体がひとつの魂となる。

UFOを動かすには、操縦桿があるわけではないのですね。見た目にも、操縦装置はないのだそうです。

UFOを構成しているすべての部品を一つにしている魂と、パイロットの魂が一体となって、初めて動くのです。ロシア人パイロットはそういった訓練を受けたと聞きました。

ところが、どう訓練しても一体になれる時間は、2分がせいぜいなのだそうです。

せっかく浮上させても2分後には墜落してしまうため、宇宙人がいっしょに乗り込んでいるのです。落ちそうになったら宇宙人が代わって操縦するのだと、赤松さんは教えてくれました。

宇宙人から与えられた透視能力

保江　「赤松さんご自身は、どういう仕事をなさっているのですか？」とうかがうと、彼女はＵＦＯや宇宙人にはもともと興味がなく、心理学専攻で日本の社会心理学を学び、卒業してからオーストラリアの大学で犯罪心理学専門の先生に付いていらしたそうです。

そこに、ロシアから犯罪心理学を学びにきていた人がいて、2人とも異国からやってきているということもあって仲良くなったといいます。

その人が、サンクトペテルブルグのＵＦＯ研究所の研究員で、

「よかったら一緒に働きますか？」と誘われて、赤松さんもそこに勤めることにしました。

どんな仕事をしているのかというと、宇宙人が教えてくれることを地球上で役立てるための研究だそうです。

特に彼女は、生まれつき目が見えない人や、事故で失明した子供などの視力を回復させるための研究をしていました。宇宙人が、

「視力がない子供には、まず透視能力をつけさせる。透視ができるようになれば、視力も

戻る」と教えてくれたそうです。

矢追　それはおもしろいですね。

保江　子供たちに教えるために、自分も宇宙人から学ばされたので、彼女にも透視能力がありました。

実は僕は、それを半分疑っていたのです。こんな、普通に見える若い女性に透視能力なんて、本当だろうかと。

それで、次に会ってもらったときに、知り合いを連れていき、「この人を透視してもらえますか」とお願いしたのです。

その知人は、子供の頃から珍しい病気を患っていて、しかもその病気は、一般人が知らないような種類のものなのです。これを透視できたら、本物だと思いました。

すると、本当に透視したのです。ズバリと当てたのですが、当てられた本人が一番驚いていました。

「初対面でわかるはずがないのに」と。その病気は、外見にはまったく現れていないものだからです。

さらに、知人は当時40歳過ぎくらいで、結婚したくてたまらなかったのですが、そのことまで読み取られていました。

「ご心配なく、あと1年以内でご結婚されて、男の子ができますよ」と赤松さんがいってくださり、

「そうですか！」と、本人は舞い上がっていました。

でも、隣に座っていた僕は内心、

「この年令で、頭が薄くて太っていて女の子にモテそうもないのに、たったの1年だって？とても信じられない」と思っていたのです。

矢追　なるほど。

保江　予言をするには期限を切るのが一番まずいことなのに、赤松さんも素人だなと思っていました。

そうしたらなんと、３ヶ月後ぐらいにあったバレンタインデーの日、彼の職場の25歳ぐらいの、元レースクイーンの美女から誘われたのだそうです。それでデートをしたら、

「結婚してもらえませんか」といわれたのだと。

ほとんど会話をしたこともないような、職場の受付の女性で高嶺の花だったそうなのですが、なんと向こうから結婚を申し込んできたという。

もちろん、断る理由もなく、とんとん拍子で1年以内には結婚して、男の子もできました。予言はバッチリ当たったのです。

それで僕は、赤松さんはやっぱりすごいなと思いました。最初、喫茶店で話をしたときも、

「僕もその研究所で宇宙人に会いたいし、ＵＦＯも見たい。ぜひ紹介してもらえませんか」

というと、赤松さんは神妙な表情で、

「犬や猫や、あるいはこのお店にあるそこの植物の気持ちがわかりますか？」といいました。

「そんなもの僕はわかりませんし、興味もありません。僕は、宇宙人とＵＦＯにしか興味がないのですよ」と返すと、

「動物や植物の気持ちがわからないで、宇宙人と意思疎通ができるとお考えですか？」と、

ハッキリとした口調でいわれてしまいました。もう、目からウロコです。

ピンとくるものもあったので、

「そのとおりですね。認識が足りず、浅はかでした」というと、

「わかっていただけましたね。もう少しお待ちください。必ず何かがあると思いますから、そういう猫や犬や草木と気持ちを通わせられるように努めながらお待ちください」と。

そういわれて、2人とも「ははあ〜」と恐れ入ってしまいました。

3時間くらい会話をして、約束どおり神戸電鉄の駅まで車でお届けしてお見送りした後に、再び特命係長さんの運転で、帰路に着きました。

「なんだか、遠い宇宙旅行から帰ったような感覚だな」といいあっていましたが、全身全霊で集中した後の、心地よい疲労感がありました。

特命係長さんは、就職をするときに条件を出していました。

「UFOの研究をさせてくれるならここで働きます」と。

それを受けた豊田英二会長が面白い人材だと認めて、一人で世界中を飛び回らせてもらえ

たのだそうです。

UFOが出たという場所を訪れたり、UFOの原理を知っているという人に会いにいって、そのうち98%はガセネタだったが、2%の本物もいたといいます。

しかし、そうしていろいろと聞いたり見たりした経験よりも、赤松瞳さんから3時間聞いた話のほうが、よっぽど濃くてまともだったというのです。


僕も本当に、いつ赤松さんから連絡がきてサンクトペテルブルグの研究所に行かせてもらえるか、楽しみにしていました。

僕の友達の病気を透視され、予言が的中し、ますます研究所に行きたいと期待していたのですが、その後の連絡がないのでおかしいなと思っていたのです。

一回だけメールで、

「日本で自分の透視能力や予知能力を活かして人々をお助けしようと活動し始めたら、自称霊能力者の日本人たちから足を引っ張られて、とんでもない噂を流されたりで嫌になりました。ちょうどブラジル政府からお声がけいただいたので、ブラジルに行きます」と連絡がきました。

ブラジルもよくUFOが出ると聞いていますし、僕は、ブラジルでもそんな方向の研究を頑張っているんだろうなと思っていたのです。

ところが、2020年の11月に、NHKのニュースで、「ブラジルで、アカマツヒトミさんという邦人女性が殺害された」という報道がありました。「えっ？　まさか……。同姓同名の人だろうか」と思ってすぐに調べたら、ご本人だったのです。

犯人は、数日で逮捕されましたが、僕はそのとき、「彼女は何か、触れてはいけない情報を知ってしまって消されたのかな」と思っていました。

それが、半年ほど後に、あるカトリック関係の人から連絡があって、実は赤松さんはまだ生きていらっしゃるというのです。

つまり、死んだことにしておかなくてはいけないような、なんらかの極秘なことをやり始めたということなのでしょう。

矢追　やはり、宇宙人と関わることでしょうかね。

ロシア領事が漏らした隕石の真相

保江　その後、大阪府の豊中にあるロシア領事館で、それまでの領事が退任して本国に帰るときの送別パーティーに出席しました。

退任するロシア領事はプーチンの友人で、本国に帰ったらプーチン政権の要人になるというのです。つまり、出世ですね。

日本語もペラペラでしたから、僕も日本語で話しかけてみました。感じの良い人でしたし、自己紹介の後に、

「実は僕の知り合いに、サンクトペテルブルグにある、ロシア政府と宇宙人が研究をしてＵＦＯを作っている施設で……」と話し始めたのです。すると、顔色を変えることもなく、「ご存知なのですね」とおっしゃるのです。秘密の話ではなさそうでした。

赤松さんも、サンクトペテルブルグの地元誌には、今度、宇宙人との共同研究でこういう装置が開発された、というような記事が出るとおっしゃっていましたので、やはりオープンなのだなと思いました。

ちょうどその頃に、矢追先生のご著書にも書かれていた、巨大な隕石が降ってきて学校などのガラスが割れたりした事件がありました（『「矢追純一」に集まる未報道ＵＦＯ事件の真相まとめ～巨大隕石落下で動き出したロシア政府の新提言』明窓出版）。

あのとき、ＵＦＯが後ろからやってきて、隕石を弾いて事なきを得たという映像を見ることができたという頃だったので、

「ロシアに降ってきた隕石を、後ろからひゅっと飛んできて破壊したのは、サンクトペテルブルグの研究所で作られたＵＦＯなのでしょうね」と聞いてみたのです。

すると、領事がニタッと笑って、

「あなた、サンクトペテルブルグに行ったことがありますか？」というのです。

「いや、僕はモスクワしか行ったことがありません」と答えたら、

「サンクトペテルブルグは日本でいうと大阪、あるいは京都のようなところで、ロシア第２の近代都市です。そんなところにＵＦＯの研究施設を作りますか？」と。確かにそうですよね。さらに、

「あなたが今おっしゃった隕石が落ちたのは、どこだったか知っていますか？」と聞かれ、

こんな会話になりました。

「ウラル山地のほうで、凍った湖に落ちたのですよね」

「そうですよ。あのあたりのほうが秘密のＵＦＯの研究施設を作るのに適していると思いませんか？」

「それはそうですね、人がいませんし。じゃあ、あのあたりにそのＵＦＯの秘密研究施設があって、それでＵＦＯを飛ばして撃墜したのですか？」

「あれは、隕石じゃないんですよ」

「じゃあ、なんなのですか？」

「あれはアメリカが、あの地方の地下にあったＵＦＯの秘密研究施設を破壊しようとして、軌道上空にあるものを落とすだけのバンカーバスター、つまり、硬い鋼鉄でできた物質にすぎません。単に落下させるだけなのですが、ものすごいスピードになるため、地下深くまで届いて、破壊的なことができるのです」

　その目論見を事前に知ることができたので、ＵＦＯを飛ばしてその軌道を変え、事なきを得たのだというのですね。

「それで湖に落ちたのです。落ちたものは回収されたから、全部わかっています。アメリカは黙っているけれどね」と、ワインを飲みながら教えてくれたのです。僕は、「この人、領事なのに初対面の僕にここまでいっていいのかな……」と思っていました。

すると、後ろのほうから、スペツナズ（＊ロシア語の「特殊任務部隊」の略語）のような、髪の短い、体にピチッとしたスーツを着けて逆三角形の隆々とした体格の、いかにも軍人のような人がすっとやってきて、領事の耳にロシア語で何かささやいているのです。

すると、さっきまでニコニコしていた領事の顔が急に青ざめて、僕に、「ちょっと失敬」というと、その男にどこかへ連れられていってしまいました。

領事は領事館で一番偉いにもかかわらず、若い秘密警察みたいな人に引っ張っていかれてしまったので、何かあるのかなと思いつつ待っていました。

10分ぐらいして出てきた領事は、もう別人でした。僕が寄っていって、「何か問題でもありましたか？」と日本語でいったら、

「いや、たいしたことではないから。じゃあ失敬」といって、もう二度と口をきいてくれ

なかったのです。おそらく、口が軽いと釘を刺されたのではないでしょうか。

こうして、ロシアのＵＦＯ研究所の情報はもらえたのですが、赤松さんは亡くなったことになっていますし、僕はその研究所にいまだ行けていません。

赤松さんは今頃、何の研究をしているのでしょうね。

ブラジルのどこかからつながっている地底世界に行っているのか、あるいはもっと特殊なことをなさっているのか……。

宇宙空間での極秘実験

保江　ロシアの宇宙船については、こんな話も聞いています。

ロシアがソビエト連邦だった１９６１年に、ソ連が打ち上げたボストーク１号が最初の人間衛星になりました。人間を乗せて地球を周回する宇宙船を人間衛星といいますが、そのときはガガーリンが乗って、地球を１周したそうです。

そのうち、３人までいっしょに人間衛星に乗って宇宙に行けるようになったときに、ソ連が男性と女性の宇宙飛行士を同乗させて、子供を作らせてみたというのです。

　ところが、宇宙空間ではいっさい、受精はしなかったそうなのです。ただ、そういう実験をしたということが倫理的に問題だったのか、極秘の実験だったといいます。

　その後、アメリカのＮＡＳＡなどが、カエルやメダカで、宇宙空間で受精させるという実験もやったそうなのです。

　すると、受精はしたそうなのですが、分化しないらしいのです。重力があれば、いろんな部位に分化するのですが、無重力状態ではいっさい分かれていかないのだとか。

矢追　骨格の必要性がないということですね。

保江　ぐじゅぐじゅの卵の集まりみたいなものになってしまったそうです。
　そんな結果も出て、そちらは公表されているらしいのですが、本当にソ連が、人間でそういう実験をしたのかどうかは……。

矢追　それは知りませんでしたが、ソ連はおそらくやっていたでしょうね。他にももっと、ヤバいことをやっていると思うのですよ。

あの国は、お上の命令だと何をやっても問題ありませんから。アメリカとは違います。

相当、あこぎなこともやっているに違いないと睨んでいます。宇宙飛行士にも命をかけさせるような、いろんなことをやらせたと思いますね。人権なんか無視しているでしょうから。

保江　だいたい、宇宙飛行についても軍が絡んでいるでしょう。

ああいう独裁国家に近いところは、普通では考えられないようなこともしてきているのでしょうね。

矢追　そう思います。旧ソビエトと中国は、非人道的なことをやっていそうですね。

人間の価値を認めていないというか、数でしか見ていませんよね。一人ひとりを尊重することがない。

保江　数なのですね。

矢追　100人とか、1000人とかの単位で計っているような。

保江　その分、躊躇もしないし、民主主義ではないので決断は早いですよね。

中国でも、今や、宇宙ステーションまで作っているでしょう。国際宇宙ステーションももう老朽化していますし、そのうち中国の宇宙ステーションだけになる可能性もあります。

そうなったら怖いですね。

わりと最近、中国の宇宙飛行士3人が、その宇宙ステーションに送り込まれたそうです。

そのうち1人が、若い女性なのです。

矢追　そうなのですか。

保江　なんでわざわざ女性を入れたんだろうとちょっと引っかかりました。

ソ連の実験のことを思い出して、中国ならそれもやりそうだなと思ったのです。3人とも軍人でしたから、命令があれば何でもやるのかもしれませんが。

矢追　女性2人にしたほうが、妊娠の可能性はより高まりそうですけれどもね。

保江　確かに。

これからの日本で安全な場所

矢追　先ほどの、広島の方の話も衝撃的ですよね。

保江　確かに、原子番号115番の元素があるとおっしゃっていましたからね。ラザー博士やテラー博士との写真もありました。

矢追　ありえないですね。

保江　ハチソンとも会っているとおっしゃるのですから、驚きましたよ。

ハチソンの家まで呼ばれて、いっしょに並んだ写真を見ると、その背後に飾ってある写真や絵なども写り込んでいたのですね。女性のヌード写真とか飾ってあって、なんだ、ハチソンも普通の男かと思いました（笑）。

矢追　ハチソンは、ほとんど表に出てこないですものね。日本人で会われているのは、本当に珍しいですね。

保江　その広島の方は、小学生の頃にUFOに連れ去られているのです。それ以来、今も連れ去られ続けていて、その宇宙人に連れられてアメリカのエリア51などにも行ったそうなのです。月の裏側にもです。

その方曰く、来年あたり、徐々に日本は危なくなるので、国内でも安全な場所に行ってくださいと。有事のときに安全な場所というのを、宇宙人に教わっているそうです。

それは、広島、山梨、北海道です。

ですから彼は現在、広島に住み、山梨と北海道の余市に別荘も持っているのだそうです。

それぞれに管理人を置いて、いつどうなっても、安全な場所にいられるようにしているということです。

先ほど、矢追先生が、核戦争や大事変などの有事の際、政府要人などを逃がしておくための場所があるとおっしゃったときに、「山梨ですか？」とうかがったのは、その方が山梨の山にも土地を持っているといわれていたからです。山梨はやはり、安全なのでしょうか。

矢追　対談前にちょうど、僕の秘書と、これからの日本はどこが安全だろうという話をしていたのですね。それで、山梨かな、秩父かなといっていたのですよ。

保江　まさに。

矢追　シンクロがすごくて寒気がするぐらいです。

保江　僕はもともと岡山の人間なので、東京が危なくなったら岡山に帰るつもりなのですが、広島の方に、

「岡山はダメなんですか？」と聞いたところ、

「岡山は広島の隣だからまだ大丈夫です」と答えてくださいました。

矢追　東京からだと、広島はやはり遠いですよね。関東圏と考えると山梨、あるいは秩父となりますかね。

保江　そうですね、関東からすると広島は遠いです。

万が一、富士山が噴火した場合は、山梨よりも秩父がいいですね。

北海道もいいとおっしゃっていますが、ロシアが近いのがちょっとネックですね。

……しかし、なぜ広島なんだろうと。

岡山への遷都の予言もありますし、僕は岡山のほうが広島よりもよいと思うのですが、なぜか広島というのです。ご本人は、広島市内の中区に住まわれています。

矢追　広島もいいですが、山梨もいいですよね。宇宙人の魂を持っている何人かの知り合いがいるのですが、彼らは山梨に呼ばれて移住しています。

保江　やはり。

矢追　八ヶ岳のあたりとかに集まっているみたいです。

みんな最近、動きが活発になってきていますね。なぜかよくわからないのですが、超能力者とか宇宙人の魂を持っている人、霊能力者たちがこぞって最近、連絡をくれるのです。

ここ1年ぐらい、動きがザワザワとしています。2、3年後くらいに何かあるのかもしれません。

保江　僕もなんとなく、そう感じています。去年ぐらいからなぜか、山梨に知り合いができたり、山梨に行くことが増えたのです。

東京から岡山に車で帰るときに、僕は、わざわざ富士山の近くを通るのですね。東名を走ると渋滞するので中央道を走ると、富士吉田のあたりは空いていて気分がいいのです。

距離的に少々遠くなっても大月経由で行ったほうが、景色も綺麗ですね。

やはり、山梨なのですね。

矢追　みんな共通して、「時間がない」といっていますね。急いでいる、早くしないと、といったことを、複数の人間が同様にいっています。

保江　山梨に集まるということは、富士山は大丈夫ということでしょうか。

矢追　富士山噴火で影響が大きいのは、噴火するときの向きですね。火砕流が広がる方向や範囲が重要になるでしょう。

それにしても、みんなしていい出したのがちょっと気になるのですよ。何年も連絡を取っていなかった人がいきなり連絡してきて、急いでいるといい出すものですから。

普通は、先に挨拶があるでしょう？　なのに、いきなりそういう話をされるのです。

保江　気になりますね。

具体的に何か動いてほしいとか、そういうお願いをされるということですか？

矢追　それは特にないのですよ。

それぞれに、それぞれの役割があるみたいですね。

そういう話をわかってくれる人は意外と、いそうでいないのですよね。私はフラットにいろんな話を聞くので、ちょっと話したいという感じでいろんな方からの連絡がきます。

保江　なるほど。ユリ・ゲラーも、富士山のあたりに住んでいたんでしょう？

たまたま巡り合った方が、富士山近くの原野のようなところに土地建物を持っていらっしゃって、

「ユリ・ゲラーが住んでいた場所のすぐ近くなんだよ」とおっしゃっていました。

「ここならいつでもおいでよ」といってくださるので2回ほど行きましたが、心強いご縁です。

矢追　ウクライナの状況を見ると、有事になれば食料も手に入らなくなるでしょうし、物流が止まってしまうと大変なことになると思いますね。天変地異のこともありますしね。

保江　ただ、日本は食料自給率が低いといわれていますけれども、実は国連の基準に則った場合の話です。世界基準の栄養価を、国内生産の食料だけで満たすには足りないため、外国から輸入しなくてはならない。

しかし、日本人というのは、太平洋戦争の前はもちろん、戦後からしばらくは、今のようには食べていなかったのです。当時の写真を見ると、痩せていて骨皮筋衛門みたいな人がほとんどでした。

ご飯一膳にメザシとお味噌汁といった、一汁一菜を三食です。それでも割と元気に暮らしていました。

それであれば、国内生産の食料で自給率100%以上なのです。いざ、有事になっても、食を以前のように戻せば、日本人は食べていけるのだそうです。

アメリカのような飽食にするから、輸入に頼ることになるのです。

矢追　飽食になったのは、割と最近ですよね。

いわゆるバブルでお金が入ってくるようになってから、ここまでの飽食になったのです。

保江　そうですか、バブルから……。
　確かに子供の頃の岡山の家では、そんなにたくさんの食べ物は出てきませんでしたね。

矢追　戦後しばらくは、東京はもっとひどかったですからね。
　他の県から買い付けているだけで、東京都自体は生産性がとても低いですから。

保江　なるほど。

矢追　だから、みんな痩せ細って食うや食わずだったのが、バブルのおかげでしょうか。
　2008年のリーマンショックの前の話ですね。

保江　あの頃、スイスからたまに日本に戻ってきて、東京では飲んで帰るときにタクシーがつかまらなくて苦労した覚えがあります。「乗り合いでいいのなら乗せてあげる」というような感じでなんとか乗せてもらって、それでも料金は正規の額を支払ったり。

矢追　タクシーを停めるのに、一万円札を振っていた時代ですね。短距離なら降りてくれといわれましたよ。今考えると、無茶苦茶ですよね。

保江　本当に、あの頃からだんだん食べ物も飽食になりましたね。食事を昔に戻せば、食料もなんとかなるとは思うのですが。

矢追　戻るのは難しいでしょうね。人間は、一度贅沢をすると戻れませんから。その前は平気だっただろうということが、耐えられなくなってくるのですね。

ＵＦＯのトイレ機能

保江　そうですね。確かに精神的にも肉体的にも、元に戻れなくなります。

変な話になりますが、日本にはシャワートイレ、ウォシュレットというものがありますよね。今や日本では、ほとんどのところに設置されています。

ところが、外国のトイレではこの機能がないのが当たり前です。それで、外国では一般的な硬いトイレットペーパーで拭くと、皮膚から血が出てしまうのです。痛くて、その後もヒリヒリします。

例えば、ずっと裸足で歩いていたら足の裏は硬いままですが、靴を履くのに慣れてしまうと、柔らかくなるでしょう。

それと同じで、以前はトイレットペーパーでこすっていたから丈夫だった皮膚が、ウォシュレットで洗うようにしてからはあまりこすらないので、皮膚が柔らかくなってしまっているのです。

そんなところを外国のトイレットペーパーでこすると、やっぱり剥けてしまいます。一番ひどかったのがエジプトで、紙質が悪くてすぐに痛くなりました。

ですから、外国に行くことが決まるとすぐにペーパーでこするようにして皮膚を強化しておかなくてはいけないのです。

一度いい目を見ると、精神的にはともかく、体がついていかないのですね。

矢追　トイレ事情でも、贅沢をすると戻れないことがあるのですね（笑）。

保江　僕がＵＦＯの話などを聞いて一番気になっているのは、実は排泄についてなのです。ＵＦＯに乗せてもらったという人がいるでしょう。あの人たちは、ＵＦＯの中で排泄はどうしたのだろうと思います。

今までＵＦＯに乗ったという人の手記や本を読んで、排泄について唯一書いてあったものがありました。

その本によると、乗り込んでみるとまず白い壁があり、上空に行くと透明になるそうです。だから見えるようになるのですね。

最初は椅子もなかったのですが、椅子が欲しいな、座りたいな、と思ったら壁からベンチみたいなものがむにゅっと出てくるので、座れるのだそうです。

横になりたいなと思うと、壁からむにゅっとベッドみたいなのが出てくるので、これは便利だなと思ったそうです。

ついに排泄したいと思ったとき、やはり壁からむにゅっと便器みたいなのが出てくるのです。これは便器だなと腰掛けて用を足してふと、しまった、トイレットペーパーがない、と。

ＵＦＯにさらわれた人がティッシュを持ち合わせているとは限りません。どうしようと思ったら、便器の中で光がパッと照らされたのです。見てみると、排泄したものも消えているというのです。恐る恐るお尻のあたりに触れてみたら、もう何もついていないのだそうですよ。

今、日本人が使っているウォシュレットは水で綺麗にして流すでしょう。それを光で消して光で綺麗にしてくれているのです。立ち上がるとまたヒュッと便器が壁に戻るといいます。それなら、宇宙に行ってもいいなと思いました。

大腸癌で手術をしてから、僕は人の半分しか大腸がなくなり、従って溜める分量も半分なのですね。僕にとって排泄は大問題で、とても気にしながら生きていますから、そんなふうに排泄できるなら乗ってもいいなと思えますね。

矢追　なるほど。普通は、ＵＦＯに乗るといってもトイレのことまで頭が回らないでしょうね。むしろ、食べ物は与えられるのかはすぐ思い浮かぶかもしれませんが。

保江　そうですね。

矢追　しかし面白いですね、そのお話。確かに、気軽にUFOに乗りたいとかいっていられないですね。

保江　先ほど話題にのぼったスヴァールバル諸島も、実は、トイレはどうなっているんだろうというのが真っ先に思い浮かんでいました。

マイナス15℃なのだから、放っておけばいいのかなと思ったり。

矢追　住民はどうしているのでしょうか。

保江　アナスタシアの民の生活も、水道もない、電気もないというのは、魂をつなぐにはいいかもしれませんが、トイレをどうしているんだろうとつい気になってしまって（笑）。

矢追　確かに、いわれてみればそうですね。

保江　スペースシャトルや国際宇宙ステーションでは、空気で処理していますね。ただ、物は流せてもお尻についているのは空気だけではそうは飛ばせないと思うのです。吸引もできませんし、どうしているのだろうと。

ロケットエンジンをふかして宇宙まで行くのに、トイレットペーパーを大量に持っていくのは馬鹿げていますでしょう。それを水洗させるのも難しいでしょうし。

僕は、宇宙飛行士に会ったら真っ先に、アポロの時代から機内での排泄はどうしているのかを聞きたいのですよ。

国際宇宙ステーションの中というのは、とても臭いのだそうですね。

矢追　空気が循環しないからですね。

保江　トイレから出た匂いは漂い続けるのですよ。

宇宙から送られる映像では匂いはわかりませんから、無重力状態で快適そうに見えますよね。でも、実際は極めて劣悪な環境なのではないでしょうか。

矢追　そうですね。それを考えると行きたくありませんね。

保江　地球人が作った宇宙船には乗りたくないです。やはり、光で瞬間的に処理してくれる技術が先に欲しいところです。

地球上でも、そういう技術が開発されれば、水や紙という資源の無駄遣いにもならないですし、助かります。光か赤外線などを使って……。

矢追　ＵＶライトで除菌ができるというのは今もありますね。

光で綺麗になるという装置を作って売り出したら、きっと儲かりますよ。

保江　そうですね。トイレットペーパーの会社が潰れるかもしれません。

矢追　今ある技術でも、できそうな気もしますね。

保江　そうですよね。ＴＯＴＯとかＩＮＡＸとか、次世代に役立つものとして研究されているかもしれません。

矢追　研究はしていると思いますね。特に宇宙船については。トイレの新機種を開発している人なら、宇宙船の中ではどうしているのかと、すぐに気になると思うのです。

保江　ええ。宇宙の中では水は軽くなってしまって、指定の位置に水流ができるとは限らないですしね。

それに、ほとんどの宇宙飛行士が、最初は宇宙酔いで戻すというでしょう。戻したものだって処理しなくてはならないのですから。

矢追　そうですよね。

保江　窓を開けてポイと捨てるわけにはいきませんものね。

アポロ13号では事故が起きて、仕方がなく月を1周、ぐるっと回ってまた戻ってきました。あの3、4日の間、３人の宇宙飛行士はずっと着陸船の中で耐えていました。

その排泄はどうしていたのか、そこが僕は一番気になっているのです。

司令船の中ならある程度の設備はあったかもしれませんが、着陸船には3人分の処理ができるほどのものはなさそうです。

ですから、その話自体も本当なのかなと勘ぐってしまうのです。


アメリカ初の有人宇宙飛行計画だったマーキュリー計画で飛行士をしていたシェパードという人ですが、マーキュリー衛星で打ち上げのカウントダウンをしているときに天候が悪くなって、そのまま待機となったそうです。長い時間、待機している間にトイレに行きたくなってしまい、指令室に、

「トイレに行きたいから開けてくれ」といったら、

「開けたら今回の計画がおじゃんになってしまうから我慢しろ」といわれたそうです。

そうしているうちに、いろんな電極を入れて計測しているデータが、急にビビビビビーッと変な反応になって……漏らしてしまったと。

矢追　あまり想像したくないですね（笑）。

保江　すみません（笑）。

でもUFOはそうではないと、その本に書いてあったのです。

宇宙人が我々のように排泄するとも思えないので、著者が乗ったUFOにそういう設備があったということは、やはり地底人か、人間的な存在が乗るものだったのでしょう。

矢追　なるほど。

保江　そうじゃないと、わざわざ人間のそうした生活習慣に合わせたものを、装置として作ってくれているとは思えません。

ですから、地底世界に行くと、光で処理してくれるトイレがあるのではないでしょうか。

地底の世界とは閉じた世界ですから、地表のように、ゴミを燃やすとか、どこかに流すという感覚はあまりないのではないでしょうか。

光で消してしまうのが、問題が起きなくていいでしょう。

矢追　そうですね。

保江　そうすると、その本の著者が乗ったＵＦＯも、地底人によるものと思えますね。

あるいは、他の惑星からきた宇宙人かもしれませんが、いずれにせよ惑星の内部にいた人です。内部にいた種族のほうが高度な科学技術を持って長く文明を保てていますので、全部話がつながります。

火星にある地下都市

保江　宇宙人は、たとえよその惑星であっても、地底人なんですよ。

そして、向こうからくるときは、穴から出て、ＵＦＯを使って宇宙を飛んでくる場合もありますし、遠いところなら、ワームホールを利用してワープしてくる場合もありそうです。

僕は癌で手術した後、ベッドに寝かされて、動けないのでじっと天井を見ていました。窓の外を見ると、斜め上の空だけが見える状態でした。

そのときはまだ本当に体がだるく、昼間もウトウトとしていました。

そうした中、雲が動いている空の景色を見ていると、何かがダブッて見えるのです。なんだろうと思って目を凝らすと、どうも僕は、火星の上空を飛んでいるようでした。なぜだか火星とわかるのですね。

火星の地表には、巨大な穴がいくつも開いていました。気になる穴があると、そこへ入っていけるのです。入っていくと、今度は横穴が開いており、その中の一つが気になると、また入ることができるようでした。

横穴の中はトンネルのようになっており、近代的な造りで、火星の中にはこんなふうに地下都市があるのだな……と思っていると、

「保江さん、検温ですよ」と看護師さんが入ってきて、空の景色に引き戻されてしまったのです。

おそらく、いろんな惑星の地下に文明があるのではないでしょうか。高度な文明を持っている種族は、おそらく地下での活動が主なのです。

矢追　そうですね。だから探査機が上空を飛行して地表を撮影しても、生物は何もいないということになるのでしょう。

保江　そうですね。そういう面でも安全ですね。

矢追　しかし、地球に人間という生物がいて、それが地底に住んでいたりもするということは、他にもそういう星がたくさんあって然るべきですよね。

火星や金星などにもあるのではないでしょうか。

保江　たまたま地球は、地表もまだ住める環境だから生物が残っているだけで、火星の地表はもう住める環境ではないのでしょう。でも、地下は関係ないですよね。

矢追　そうですね。

保江　地下には、まだ水も蓄えてあるかもしれません。それに、空気ももっと濃いということがありえますしね。

パート4　心はどこにあるのか？

心とはどこにあるのか？

保江　ところで、『ヤオイズム』にあった、脳科学について興味を持たれたというのはどういう経緯だったのですか？

矢追　少しうろ覚えなのですが、魂と、体や物質との世界というのは、どういう関係性になっているんだろうなと思ったのが、『ヤオイズム』を書くきっかけになったのだと思います。
人間は、体に魂が寄り添っているといわれています。魂の世界というのは、4次元とか5次元とか次元が高く、3次元の肉体にそれが寄り添っているというか、乗り移っているということなのです。

保江　憑依しているようなことですね。

矢追　そうだとすると、肉体の中では脳が司令塔をしているのでしょうが、そこに魂が寄り添っているということは、つまり魂とは、物質である肉体とは別のものということになりますね。では、意識というのはどこにあるのだろうと思ったのです。それが、脳科学への入り口だったかもしれないですね。意識というのは体にあるのだろうか、脳にあるのだろうかという……。

保江　別のどこかにあるのだろうと、問題意識を持たれたわけですね。変わった人でないと、そういう問題意識というのは持てないのです。変な確信、自信をもっているような人だけが、そうしたことを考えうるのです。

『ヤオイズム』にも書かれていましたが、自分で考えることを放棄し、一般的な教育を信じ込んで100%正しいと思っている人は、脳が考えて意識を作っている、つまり脳が心の座であると信じてしまっていますよね。

矢追先生はやはり、普通の人とは違う考え方ができるのでしょう。

『ヤオイズム』にもさまざまなご経験が書かれていましたが、一般常識的にいわれていることはいっさいあてにならないと、体験的に知ることになったそうですね。

確かに、僕も自分の心や意識はいったいどこにあるのだろうかと思うことがあり、皆もそれを疑問に思っているのだろうと考えていたのですが、実は、誰も疑問に思っていないのです。

矢追　なるほど。

保江　皆、脳にあると勝手に思い込んでいます。

脳の部分がそれぞれ体のどこの部位に関係しているかということを、世界で最初に発見した、ワイルダー・ペンフィールドというカナダの脳神経外科医がいます。彼のお墓に行くと、「結局、心は脳にはなかった」と刻んであるのです。

脳の地図を見つけたといわれる、今や脳科学の神とまでいわれているペンフィールドが一生かけて研究した後、結局、心は脳にはないと悟ったのでしょうね。

矢追　すごいなぁ。

保江　僕も、自分の心や意識がどこにあるかを知りたいと思っていたのですが、やはり変人扱いされましたね。特に、物理学者がそんなことをいうとなおさらです。

一般的な物理学は唯物論ですから、心なんかない、脳の単なる作用だとしかいわない世界です。

でも僕は、脳がどうやって意識を、つまり心を生み出しているのかについて考えていました。

そんな折、１９９９年、青山の国連大学で、僕が音頭をとって、チェアマンとして脳と意識の科学についての国際会議を開きました。

意識や心に興味を持つ科学者が出始めた頃でしたから、やらなくてはと思ったのです。

しかし、開催するのはいいのですが、果たして、国連大学の名前を汚すことはないのかという懸念がありました。朝日新聞までその国際会議について取り上げてくれましたので、何か結論を出さないといけないというプレッシャーもありました。

結局、国連大学の方と相談して、原子核研究が核爆弾を生んでしまったようなことの二の舞にはしないように宣言することが決まりました。

つまり、脳と心、意識の研究が将来的に、悪徳政治家に洗脳などで国民を騙す目的で悪用されるようなことがあってはいけないわけです。

それで、脳と心、意識とのつながりの研究における三大原則を打ち出し、「軍事的に使わない。洗脳に使わない。非人道的なことに使わない」という宣言をしようということになりました。

1999年でしたから、「東京99宣言」として国連大学で音頭を取ってくれることになり、それが国際会議の結論ということになりました。

まだ研究の途中なのですが、絶対に悪用してはいけないということを、集まった世界中の科学者が、全員で宣言してくれたのです。

けれども、やはりアメリカの軍部での研究は進んでいます。スパイなど、絶対に秘密を自白しないような人から無理やり情報を引き出す方法など、軍関係の研究はそうした方向に進んでしまっているのです。

せっかく国連大学でそんな宣言をしたのに、良い影響を与えられなかったというのが、一番残念なところです。

世界初の論法！　3次元を捉えられる高次元の存在

矢追　先ほど、次元の話をしましたが、1次元が点で2次元が平面、3次元が立体といわれていますよね。

そして、次元は低いほうから高いほうは見えないが、高いほうからは低いほうが見えるという。

保江　そうですね。

矢追　とすると、我々がいる3次元世界のこの状況というのは、4次元以上の存在にしか見えないはずですよね。

保江　なるほど、そうですね！（パンと手を叩く）

するると、我々の魂が、4次元以上の高次元の存在ということなのですね。まさに、そのとおりです。

矢追　その4次元のものが、肉体レベルの3次元を見ているということになります。

保江　本当ですね。まったく気づきませんでした。

矢追　今、僕らがいるのは3次元の世界です。肉体だけのレベルでは、2次元しか見えないはずなのですよ。
それで、虚心坦懐《きょしんたんかい》にこの景色を見ると、2次元的にしか見えていないのです。

保江　確かに、網膜に映っているのは2次元ですね。

矢追　今、自分が見えているのは単なる平面の絵なのに、それを翻訳しているのです。
「この後ろには奥行きがある」とわかって見ているわけです。
ただ、2次元である証拠に、見ている対象物の後ろ側は見えていません。
ですから僕らは、2次元の絵を見ながら自分で翻訳して、3次元として捉えることができています。つまり、4次元の存在が我々を見ているということになりますね。

保江　お見事です！　科学者でも僕も含めて誰一人、今の論考を発想していませんでした。

矢追　そうなのですか。

保江　僕も、今いわれた瞬間に悟りました。そのとおりです。

平面の世界に蟻《あり》がいたとしたら、蟻は、自分がいる平面の世界すら認識できません。1次元の線の世界しか見えていないのです。

矢追　そうですね。

保江　だから3次元の世界にいる我々は、3次元の世界は認識できません。実際は2次元の世界としてしか認識できていないにも関わらず、3次元の世界を縦横に移動することができる……、つまり、認識できているのです。

ということは、我々の主体である魂、あるいは心は、4次元以上の存在であるということですね。この論法は、世界初です!

僕は一応専門家で、国際会議まで開いた人間ですから、すでにある論考でしたらまず知っています。

しかし、こんな簡単なことを、どの科学者も気づけなかったのです。我々が3次元の世界を認識できているということは、我々の本質は4次元以上の存在ということ……、この事実はすごい!

この論考は簡単で、かつ我々の本質、魂が高次元の存在だということを見事に証明しています。

矢追　そうですか。嬉しいですね。

保江　ですから、3次元の肉体が死んでも、4次元以上の魂には死は訪れないということになります。死を恐れる人にも、福音となりますね。

気づきを与えてくださり、ありがとうございます。本当に感謝しています。

矢追　いやいや、とんでもありません。

保江　突然、手を叩いたりして失礼しましたが、頭で理解する前に体がなるほどと反応してしまいました。

矢追先生は、そういったことをやはり直感で理解されているのですか？

矢追　私は考えることができないので、確かに直感ですね。

保江　本当に真実がおわかりになっていますよね。考えると止まっちゃいますからね。

矢追　右脳しかないからです。というよりも、むしろ現実しか見えていませんから。

保江　ありのままですね。

矢追　自分の中に、だいたいのアウトラインだけはあるのです。アウトラインというのは、万物すべてが、なるようにしかならないということですね。

ですから、自分の将来も含めて、未来も過去もありのままでしか受け取れないのです。そこに何もつけ足したり引いたりしないで、ただもう、そのままでありがたく受け入れるという、そういうことしかできないのです。

そんな考え方で宇宙塾（＊矢追氏が主宰する、本当に伝えたいことを伝えるためのフォーラム）を始め、その延長が、「そのままいるだけ」というスタンスなのです。

保江　今回、ご指摘くださったことでさらに得心したのが、先述の車の運転が瞑想に近いという話です。考えたら運転も、我々の主体が３次元の存在だったら無理ですよ。

矢追　そうですね。

保江　魂が４次元以上の高次元から見ているからこそ、スムーズにできるのですね。

矢追　確かにそうですよね。

保江　長時間、運転していればしているほど、高次元に近づきますから。

矢追　瞑想と同等なのですね。

アイルトン・セナの視点

保江　達磨大師のように、壁に向かって座禅していてもダメです。平面しか見えませんものね。

アイルトン・セナみたいに、Ｆ１で無我夢中に走ったほうが、簡単に瞑想状態に入れるのかもしれません。

岡山県に、岡山国際サーキットというＦ１レースを開いていたサーキットがあります。

そこに、アイルトン・セナの伝説が残っています。

近くに温泉郷があって、Ｆ１の開催時にはそこのホテルや旅館に多くの関係者が宿泊していました。

その宿泊施設のスタッフたちを、他のＦ１の選手はみんな気にもとめなかったのですが、アイルトン・セナだけは毎日挨拶をして、声をかけていたそうです。ですからもう、セナは超人気者でした。

試合が終わってみんなが帰国しても、セナだけはもう1週間残ったそうです。マネージャーも帰して、一人で滞在していました。

そこで何をしていたかというと、ラジコン飛行機を飛ばしていたのです。

セナの趣味は、エンジン付き模型飛行機の操縦でした。自分で作ったりもしていたそうです。セナは日本でＦ１のレースがあるとき、終了後の1週間は、日本のラジコン飛行機マニアたちと一緒に、河原でラジコン飛行機を飛ばすのを楽しみにしていたのです。

矢追　そうだったのですか。

保江　一緒にラジコン飛行機を飛ばした人たちが教えてくれたのですが、セナの操縦は、他の人の操縦とは違ったそうです。

スロットルは常に全開にして、方向舵、昇降舵だけで操縦するという方法。普通に考えると無茶苦茶な操法なのですが、うまく飛ばせていたとのことです。

矢追　彼のレースもそんな感じだったのでしょうね。

保江　おそらくそうですね。アクセルを踏みっぱなしで。

矢追　ベタ踏みというやつですね。

保江　そんなことができるのはやはり、高次元から見ていないと無理ですよ。

特に、ラジコン飛行機は、遠くにあるのを自分が乗っているかのように見えていないといけないですよね。

今は、ラジコンにカメラが付いて操縦者がモニターを見るなどもありそうですが、当時はそれもなかったでしょうから。

矢追　エンジン、スロットル全開の状況でレースをするというのは、ある意味特攻隊ですね。もうアクセル全開のまま、何がなんでもコースをクリアしないといけないというところにまで自分を追い込んでいるわけです。さすがですね。

その状態でなんとかコースを回らなくてはいけない、レースを完走しなくてはならないと、まず自分にプレッシャーをかけている。潔くてかっこいいなと思いました。

保江　今度、手に入れたメルセデスベンツのＣＬＳですが、初めてエンジンをかけたときに少し、違和感があったのです。

エンジンをかけてアイドリングの状態にすると、回転数がすごく高いのです。なんでこんなに回転させるのかなと思いながら、ドライブに入れて動き出すとその理由がわかりました。アイドリング時の回転数が既に高いので、加速がものすごいのです。

矢追　なるほど。

保江　ドライブに入れたら、矢のように飛んでいきます。久しぶりに背中に衝撃を感じました。でも、それが怖くないのです。

矢追　そこがすごいところですね。

保江　背中が吸いつくような感じです。車を停めて、エンジンを切ってキーを抜き、ドアを閉めてもまだしばらく、ブーンという音がして、フル回転でファンが回るんです。冷却しているのですね。

つまり、エンジンの回転数を常に上げておいて、その回転数をオートマチックのクラッチで伝達させています。まさに、セナの操法です。

アンチ電気自動車派が語るエンジン音の心地よさ

矢追　さすがですね。

先ほど先生がおっしゃっていたように、電気自動車は面白くないですものね。

どこのメーカーのものもデザインが一様に見えますし。

保江　僕の知り合いの社長さんが、テスラを買ったんですよ。僕も乗せてもらいましたが、最悪でした。運転しながら酔う車は、初めてです。
電気モーターで加速か減速のどちらかしかなく、惰性でそのまま進むということがないのです。加速し続けるか、アクセルを踏むのを止めた途端に、今度は減速になる……中庸がないのですね。

矢追　いやな感じでしょうね。

保江　すぐに気持ちが悪くなります。社長さんの奥さんが乗ってすぐに、「どうしてこんなに気持ち悪いの。すぐに買い替えて」といわれ、それでも2年ほど乗り、このたび売ることになったそうです。
試乗したときには、加速はポルシェ以上でとてもよいので、興奮して他のデメリットが見えなかったのか、即決で買ったそうなのですが……、僕も本当に胃袋がおかしくなりました。

矢追　メーカーも、よくそんなものを売り出す気になりましたね。

保江　2年前に買ってから、途中何度かシステムチェックが必要だったそうです。

矢追　ソフトのアップデートですね。

保江　はい。高額な車ですから、普通なら、営業さんやテスラのスタッフが取りにきてくれそうなものですよね。ところがなぜか高飛車で、電話をすると、まったく車のことがわからないオペレーターの女性が返事をして、車の調子について質問してもまるで理解されない。予約をしてお持ち込みくださいとしかいわないのだと。

矢追　Appleと一緒ですね。ムカつきますね（笑）。

保江　社長さんもだんだん腹が立ってきたといって、「何千万も出して買ったのに」と。

「レクサスの営業マンだったら、吹っ飛んでくるぞ」と憤《いきどお》っていました。価格は2千数百万だそうです。

矢追　すごいなあ。そんなにするのですか。

保江　そんなに高額なものが、売りっぱなしです。ご本人は、もう絶対に嫌だといっていました。

矢追　パソコンと一緒で、ソフトウェアのアップデートは自分でしろという。それでは買う気がしませんね。電気自動車は本当に、買う気がしないです。

保江　僕は自動運転も嫌いなのですが、他の友人が最近、全車速追従機能が付いている日本の自動車を買ったのです。

この機能は、先行車をステレオカメラで認識して、先行車に対して追従走行を行う……、つまり、前の車についていくというモードがあり、僕が同乗していたとき、車はそのモードになっていました。前の車が信号で止まり、その後、発進してスピードをぐんと上げるときには、こちらもそれに応じてスピードがぐんと出るのです。

普通にまっすぐ走るぶんには問題なかったのですが、あるとき、前の車のドライバーの考えが急に変わったのか、いきなり左に曲がり始めました。その左に曲がる映像をこちらの車が情報処理して、ものすごいスピードで離れていくと認識したようで、それに合わせてすごいスピードで走り始めたのです。すごく怖かったです。

矢追　危ないですね、それは。

保江　つまり、カメラは2次元映像で、それをプログラムで処理しているだけなのです。我々みたいな高次元の存在であれば、左に曲がっていっているということをすぐに認識しますから、なんてことないのですよ。

ところが、カメラで映る2次元映像をプログラマーが想定した範囲の情報処理で認識しようとすると、相手の車がかなりのスピードを出して離れていくように捉えられる、それを追尾するためにアクセルをふかすのです。

人間が運転していたら、絶対にそれはないでしょう。やはり、高次元から見ていることの証明ともいえます。

矢追　人間は上から見えているのですね。

保江　本当にあのときはヒヤッとしました。その友達にいわせると、よくあることだそうなのです。もし事故が起きていたら、責任は誰がとるのでしょうか。

矢追　それと、電動自動車のように静かに走るのが今は主力かもしれないですが、エンジン音がしないとつまらないですよ。

保江　そのとおり。あのエンジン音がいいのです。

矢追　うるさいようで、あれがないと乗っている気がしませんから。

保江　ですよね。今回、僕が軽トラとベンツを買った京都の車屋さんは、もともと農家なのです。広い田んぼだった土地を埋めて車屋を始めたそうですが、まだたくさん土地があるのですね。

何か有効利用したいと、今度はエンジン・バーというのを始めるそうです。

フェラーリやベンツや日本車の、エンジンだけ生き残っているが、車体がどうにもならないという車のエンジンだけを集めて、その音を聴きながらお酒を飲むバーだそうです。

矢追　それ、いいなぁ。利きエンジンをするんですね。

保江　いいですよね。できたときにはご招待しますね。

矢追　ありがとうございます、ぜひ。

保江　わかりますものね、後ろから近づいてくる車のエンジン音でどの車種か。

矢追　マセラティとかね。

保江　そうそう、男はそれがわかるでしょう。

矢追　確かにね。女性には、うるさいだけといわれそうですが。女性はやっぱり、おしゃべりがメインですからね。

保江　おしゃべりですよね、女性は。

彼はとにかくいろんな種類のエンジンを並べて、お客さんから聞きたいエンジンのリクエストを出してもらってその音を響かせる、というようにしたいのだそうです。

それで、車だけではちょっと物足りないので、飛行機のエンジンも探しているのですよ。

矢追　飛行機のエンジンをバーで聞くというのは、かなりレアですね。

保江　でしょう。

矢追　聞いたことがないですね。これはロールスロイスだとか、GEだとか、なかなか当てられないでしょう。

保江　かなり難しいと思います。

ジェットエンジンだったら、噴射の側に座る人はたいへんなことになりそうです。でも、話題にはなるでしょうね。全国からマニアが集まってくると思うのです。

矢追　男というのはアホな存在ですよね。女性から見たらなんともくだらないものを、一生懸命に聞いて酒の肴にするのですよね。

保江　エンジン音を聞いて、うんちくを語りながら飲むというのは、まさに男のロマン。

矢追　バカバカしい。本当にバカバカしいです。

でも、いいですね、それ（笑）。

保江　いいでしょう。

矢追　昔、改造車でもマフラーの音とかでわかりましたものね。これはどこのマフラーだとか。お互い喧々諤々《けんけんがくがく》でいいあうのですよね。そうだとか、違うとか、バカですねえ。

保江　エンジン・バーは、本当は東京にあるべきなのです。ただ、適当な場所がないので、京都の田舎になってしまうのですが。

矢追　東京にあったら、かなり流行りますね。ただ、隣近所に迷惑にならないように、完全防音にでもしないとね。

そこで思いっきり、エンジンをふかすのです。

けっこう、通う人がいそうですね。私も常連になりそうです。

保江　燃えますよ。

車で運転しているときは、エンジンが回っているのが見えませんからね。でも目の前で回っていれば、気分が上がりますよ。

矢追　燃えますね。

酒が進む。いいなぁ。流行ると思う。

保江　音がいいのですよね。ハリウッド映画の『ワイルドスピード』があるでしょう。あれなんかほとんどエンジン音ですよね。

矢追　でも、あの音が気持ちいいのですよ。

保江　『ワイルドスピード』は、電気自動車になったら成立しません。

だいたい、テスラのメーター周りなんて、iPad が置いてあるだけですよ。つまらないというか、本当にやる気がなくなりましたね。

あと、後ろの座席も、シートベルトをしていないとそもそも動かないのです。

矢追　大きなお世話ですね。

保江　大きなお世話です。エンジン車は、シートベルトをしないと運転できないということはないでしょう。全員がシートベルトをしないと動かないなんて、病人を運ぶときはどうするのかと。

矢追　考えられているようで、考えられていないのですね。

保江　新しいタイプのベンツの、運転席のドアを開けたらエンジンが止まるのと同じく、余計な機能です。

エンジンが止まるだけならまだいいのですが、自動的にカクンとパーキングに入るので最初、「何が起きた？　ぶつけたのか？」と思いましたよ。逆に危ないです。

矢追　過度に意識された安全が、逆に人を不安にしてしまうのですね。便利にしているつもりなのでしょうが、不便がいいこともあるわけです。車のエンジン音なんか、最たるものです。うるさいほど嬉しい。男の世界とは、不便なところから始まって、それが嬉しいのですよね。男のくだらないところなのです。

保江　それを見事に、昔の車は満足させてくれるのです。女の子を乗せて手早くエンジンをかけ、すぐに発進できるのがかっこいいのですから。

クラッチを踏んでエンジンもローに入れて、ウィンとエンジンをかけて車を出すということに慣れている僕が、その動作をすると今の車は拒絶して止まってしまいます。

矢追　今の車はどうなのですか？

保江　キーのボタンを押してリモートで解錠して、運転席に座ったらエンジンキーを押すだけです。ただし、クラッチ付きの場合は、クラッチとブレーキの両方を踏んでおかなくてはなりません。片方でも踏んでいなかったら、もうエンジンはかからないのです。

矢追　親切なようで面倒くさいですね。

保江　面倒くさい、親切の押し売りですよ。

矢追　そんなところまで気を遣ってくれなくていい、俺の車は俺が動かすからと思います。

保江　そのとおり。ですから結局、古い車を探すのですよ。
今は、車の構造を知りもしない、免許取り立ての人に合わせてしまっているのですから。

矢追　そういうことですね。最近の悪しき風潮ね。

保江　万人が安全にできるということが、設計の思想としてあるわけです。

矢追　面白くもなんともないですね。

保江　バックするときに、ドアを開けたらエンジンが止まるというのはまだ許せますが、運転席のドアを開けるとエンジンが止まり、さらに自動的にパーキングに入っちゃう車もあるのです。

例えば、猛スピードで走っていて、そのまま車は走らせて自分は脱出しようというときに、ドアを開けたらエンジンが止まる……そんな車では映画にもなりません。

矢追　確かにそうですね。

保江　カーチェイスものの映画とか、成立しないでしょう。映画はこれからどうなるのでしょうね。

もう、車は終わったと思いますね。

誰もが本当は、不完全を愛している

矢追　車だけじゃなくて、世界が終わりですよ。

保江　楽しい世界はもうじき終わりです。車も、おもちゃのように楽しい面がありましたが、それが消えていくのが一番嫌ですね。

矢追　何もかも便利になってしまったら、楽しくもなんともないわけです。

保江　不完全なものを好んで、手を加えて自分好みにカスタマイズしたり、同好の士で論じ合ったりという、これが楽しみですよね。

矢追　本来こうだったら一番いいなという理想の状態がよいと思いがちですが、そうなってしまうと逆に、つまらなくなってしまうのです。

何か、完璧ではないものを求めているとしか思えませんよね。

すべてがうまくいくというのはありがたいことのはずなのに、実際、簡単にうまくいってしまったら面白くないのですよ。

本当は、不完全を愛しているのです。

保江　なるほど。女性もそうですよね。完璧な女性には、あまり僕は近づきたくないですから。それは一つのフィロソフィ（哲学）ですね。確かに人間とはそういうものです。奥が深い。

矢追　人間は本当に変な生き物で、理屈に合わないのです。

保江　理屈に合わない変な生き物だから、いつまでたってもＡＩには追いつかれないのでしょう。

だからこそ、変なままにしておかないといけないのに、妙に気まじめにしようとするから問題になる。

まじめなだけでは面白くないのです。やはり、楽しまなくては。

矢追　保江先生はいつも楽しんでいますね。

保江　ありがとうございます。これが、ヤオイズムですから。

矢追　ヤオイズムは、ただ自分が気持ちよくいればいいのです。人のことなんか、くそくらえです（笑）。

保江　本当にそのとおりです。世間にどう思われようと関係ありません。

パート5　ユリ・ゲラー、銀座に行く

日本は元来、一夫多妻であった

保江　今年は、参議院選挙がありましたよね。僕は、6年前に出馬しました。

矢追　そうなのですか。それは知りませんでした。

保江　さるお血筋の方から、自分の代わりに出てくれと頼まれてしまいまして、お断りできなかったのです。条件として、いっさい選挙活動はしないということでお受けしました。

ただ、NHKの政見放送だけは、義務として出ることになったのですね。

矢追　政党はどちらから？

保江　「日本のこころを大切にする党」という党で、中山恭子さんという方が党首でした。理念などがいい政党で、それが気に入ってOKしたのです。

それで、政見放送のときに、用意していた原稿を手に持って読んだら、NGになってしまいました。読むのなら、原稿を下に置いておかなくてはいけないというのです。二度しか録画はしてくれないので、一度目がNGになり、あと一度しかチャンスはありませんでした。

置いて読める大きさの文字ではなかったので、僕は困ってしまいました。収録が始まり赤いランプがついて、ディレクターが、「早く喋れ」と合図を送ってきます。こっちは原稿なしのぶっつけ本番にパニックになっていますから、選挙の公約も話せず、仕方がないので僕がお世話になった『置かれた場所で咲きなさい』（幻冬舎）の著者であられるシスター渡辺和子がいかに偉かったかを、延々しゃべって終わりになりました。

その後は、いっさい何もしませんでした。襷《たすき》や、飛行機や新幹線にタダで乗れるパスといった内閣府から送られた選挙キットがあるのですが、開けることもなくそのままです。

それなのに、結果、全国区で1万3000票もいただけて驚きました。選挙運動をしてもド素人候補者は、普通ならせいぜい1000票止まりだそうです。

政見放送の直後に、新聞記者が取材にきてくれました。全国紙の記者さんが、候補者全員にインタビューをするのです。

それで、公約を教えてくれというのですが、公約というのも特に用意していなかったのですね。

「政府が隠しているＵＦＯ情報を開示させる」といおうかなと思いましたが、党からは、「ＵＦＯの話などは禁止」といわれていましたからそれもできません。しかし、「有権者の皆さんにぜひ公約をお聞かせください」と記者からいわれるので、苦し紛れにいってしまったのです。

「憲法改正は安倍総理に、民法改正は保江邦夫に！」と。

当時は、安倍総理が日本国憲法改正を進めたいとしていたのですね。

「どういう意味ですか？」と問われたので、

「憲法改正は、自民党の安倍総理が頑張っていらっしゃる。日本のこころを大切にする党の保江邦夫は、日本というものを本来の姿に戻すのが公約です。そのために、民法を改正して一夫多妻制にします」と答えました。

矢追　おもしろい。

保江　日本の今の一夫一婦制は、アメリカ占領軍が日本を統治しやすくするために押し付けてきた概念ですから。本来、日本は一夫多妻なのです。

矢追　わかりやすくてインパクトがありますね。
そのとおり、もともと日本は一夫多妻なのですよ。何しろ、世界のド田舎ですからね。

保江　そうです。

矢追　近代に近い、江戸時代だって一夫多妻でしたから。

保江　そうなのですよ。それまでは当たり前で、ごく普通のことだったのです。

矢追　江戸時代から明治維新になる頃に、突然、いい子のふりをしようとしたのでしょうか、一夫一婦でいくとしましたが、もはや無理だと思います。

保江　無理ですね。

昔は、数人の奥さん、一人一人に子どもが数人いました。その子どもたちみんなに権利があったのですよ。

こんなエピソードがあります。

「メカケ談義」として残っている有名な話なのですが、政治家の三木武吉氏が、代議士選挙に立ちました。その三木氏の対立候補が、立会演説会で、

「ある有力な候補者は、東京で長年にわたってつくった妾4人を連れて郷里に帰り、一緒に住まわせている。このような不義不道徳な輩が国政に関係する資格があるか」と発言しました。すると三木氏がその場で、

「無力な候補者は、私が妾を4人も連れて帰ったといっているが、物事は正確でなければいけないので訂正しておきます。女の数は4人ではありません。5人であります」と返したのです。

そして、トップ当選を果たしたといいます。

矢追　おもしろい話ですね。

保江　これが、本来の日本人ですよ。皇室でも、明治天皇までは側室がいて当たり前でした。
昔ながらの日本は、原始社会のまま一夫多妻制だったのです。

矢追　昔からそうだったのですよね。

女性社会が世の中を安定させる――夜這いの真実

保江　妾や側室が何人いたかの差でしかありません。

江戸時代に、徳川家康が徳川百計という法律を作り、家の跡を継ぐのは長男であると制定しました。

例えば、家老が死んだら、その長男は家老になれます。町人も、大店《おおだな》の長男は、その大店の長という役職はもらえます。

ところが、制度はそれだけではありませんでした。家、土地、財産は長女が相続するのです。大店の主が死んだら、長男に同じ地位は与えられますが、その店の土地や権益、家などのすべての財産は長女が相続するのです。

つまり、女系社会だったのですね。そうなると長男は、役職は継げますが、全財産は長女のものになっているので、自分はそこに住む権利がないのです。仕事を仕切ることはできますが、住むことはできない。

ではどうするかというと、どこか別の家の長女を見つけて結婚するしかないのですね。

太平洋戦争に負ける前までの日本というのは、表面は男を尊重しているように見えていても、裏は女性社会でした。

それで女性は路頭に迷わず、常に安心して食べていくことができたのです。

矢追　なるほど。

保江　そのために、夜這いという風習があったのです。将来、身を寄せるところを確保しておかないといけなかったから、あっちこっちに夜這いに行っていたのですね。
毎月の給料はもらえますが、財産もない、家もないという状況でしたから。
いざ父親が亡くなったときに、自分を住まわせてくれる場所を見つけるための行動が、夜這いだったと聞きました。

矢追　それは初耳です。面白いですね。

保江　女性社会で、日本の世の中はうまくいっていたのです。亭主は亭主関白、女房はかかあ天下でしょう。関白というのは、位として下なのですよ。
かかあは天下取り、つまり天皇や将軍というトップだという。

矢追　関白って、天皇を補佐する役割ですものね。

保江　そうそう。それで日本はうまく回っていたのですよ。

矢追　なるほどね。

保江　戦争で負けてアメリカが占領するときに、日本の底力は全部消滅させなければならないということで、アメリカの家族制度を導入させました。

それで戦後日本となり、今はガタガタでしょう。親も敬いませんし。

兄弟みんな均等に相続できるという法律ができましたが、なんとなく長男が一番上のような認識になって、財産まで取るようになってしまいました。


それを、時代劇や昔を描いたドラマなどでは表現しないのですよ。

長男が、仕事も財産も家も土地も相続してきたかのように見せているから、今もそんなふうになっているだけで、本当は長女が財産を受け継いでいたのです。

そういう歴史も、戦後教育の中で、進駐軍や占領軍が隠してきたのだそうです。

本来の日本の男女関係では、土地と家と財産を求めて、いろんな男が夜這いをかけてくる中から、女性が選べたのです。

矢追　お断りもできたのですか？

保江　もちろんです。

最初は手紙を渡すだけです。女性は御簾《みす》の向こうにいて、男が来てもその御簾を上げることはありません。御簾の下から手紙を渡すのですが、その手紙には、いかに自分が思いを寄せているかということを書き連ねてあり、それを読んだ女性が感動したら、返事がもらえるのです。まったく返事がこないと、もうそれで帰らなくてはいけない。

それを何回か繰り返しているうちに、あるとき、御簾が少し上がるのだそうです。それは、「御簾のところまできて、下から覗いていい」という意味なのです。それで初めて、その女性の顔が見えるのだと。

矢追　なるほど。

保江　それで男性は帰らなくてはいけないのですが、顔を見たら余計に気になってしまってさらに手紙を書きます。まあ、顔を見て来なくなる人もいるでしょうけれども。

そうしてやり取りしているうちに、御簾がもっと大きめに開くときがくるのだそうです。そのときに初めて入っていいという。

その御簾は、立って通れるほど高い位置までは開かないので、這っていかなくてはいけない、それで、夜這いという名称が付いたといいます。

矢追　初めて知りました。

保江　僕も、そういうことを研究している人から初めて聞いたのです。

夜中に、木でできた雨戸をこじ開けて入っていくイメージを持っていましたが、雨戸は開けたら普通に歩いて入れますよね。なんで這っていったのかなと疑問に思っていましたが、そういうことだったのです。

矢追　一般庶民でもそうだったということですか。

保江　まあ、武家や庄屋、大きい商店、要するに財産があるところですね。

何人もが夜這いに来るので、まずは手紙の文面を読んで頭のいい人かどうかを判断し、御簾を開けて中を覗いてくるときに顔も見えるので、そこで品定めをするのです。

矢追　なるほど。お家の人はどうされていたのでしょうね。

保江　一応、親に相談はしたと思います。

しかし、最終決定をするのは娘ですから、やはり、女性が男性を選んでいる社会だったのです。そこが非常に大きなポイントでした。日本という国が強くなった底力といってもいいでしょう。

女性の国だったから日本は強いのだと分析して、それを崩すために戦後のアメリカ風の家族制度を押し付けてきたのです。

矢追　卑弥呼の頃から、やっぱり女性が強い世界なのですね。

女王様が崇められていた。

保江　そうですよね。女性の天皇もいました。朝鮮に攻めていったりしたのは、神功皇后という女性天皇のときでした。

やはり日本は、女性の国だと思うのです。

アメリカの占領軍が終戦後、このままにすれば日本は再びアメリカに牙を剥いてくると、国体を崩すためにアメリカ風に変えてしまいました。

昔は常識だったのを戦後、占領軍が新しい教育の中で隠したのです。日本はずっと一夫一婦制できていると思わせたのですね。

男社会にしてしまい、その弊害が今、出ていますね。

矢追　元々は原始社会から一夫多妻なのに、一夫一婦制を無理やり導入したのです。

当然のことながら、一人の男性に対して一人の女性だと、その女性に何か問題があると家系が継げないことになる場合が多いですよね。

複数の女性がいれば、男子も女子も誰かに生まれるだろうという考えだったのです。

原始社会はみんな一夫多妻であって、一妻多夫というのはあまり聞いたことがありません。精子と卵子でいえば、精子がダメだとオールアウトですが、精子に問題がなければ、卵子はたくさんあればあるほど受精の可能性が大きくなりますよね。

保江　子供がいないと、うまくつながっていきませんものね。

今でこそ、生まれた子の健康状態をきちんと見ていますが、昔は子どもが生まれても成人するまで生きていけるかどうかわかりませんでしたからね。

矢追　寿命もみんな短かったですものね。

精子はおそらくエネルギーが弱い、つまり、それだけ貴重なのです。

可能性を増やすために、卵子をたくさん掛け合わせていく、ということだったのではないでしょうか。

保江「一夫多妻が日本を救う！」

これもこれからのテーマになりますね。

矢追　日本の人口はどんどん減っていますからね。

アメリカは、知らない間に3億人になっています。以前は、日本の倍といわれていましたが、今年の日本の人口は1億2000万人ほどですから、知らない間にずいぶんと差が開いてしまいました。

保江　アフリカと同じで、収益を減らす、つまり貧しい国にすればするほど、余興がないので子供は増えるそうです。

世界で今、最も進んでいる潜水艦は日本製

保江　アメリカは子供が増えすぎたから、戦争を起こして減らそうとしているようにも思えます。

今回のロシアとウクライナの戦争では、何百億ドルと拠出していますが、そのお金は直接現地にはいっていないのですよ。アメリカの軍事産業、要するに民兵を養っている会社にいっ

ているのです。

ついにプーチンが怒ってスペッナズを送りました。ところが、アメリカの軍事会社から派遣された民兵に、ことごとくやられてしまったのです。

だって、装備が違いますからね。最新鋭で、今や、撃った銃弾が曲がって飛んでいくのです。照準で電子的にマークすると、その照準が逃げても追いかけていく追尾型です。

矢追　それはミサイルではないのですか？

保江　ちがいます。銃弾です。もちろん自走式ではなく推進はしませんが、少しぐらいは舵を取れるのです。

矢追　すごいですね。それを考えたら、ロシアは超旧式の装備でやっているから勝ち目がないですよね。

保江　そのアメリカが恐れているのが日本なのですから、もうちょっと上手にやらないといけませんよね。
世界で今、潜水艦において最も進んでいるのは、日本のそうりゅう型なのです。

矢追　そうりゅう型というのは？

保江　まず世界中の潜水艦は後ろの操舵が十字舵ですが、そうりゅうはX字舵になっています。
X字舵は、それぞれの舵が回頭と姿勢制御を担当することによって、どれか1本の舵が損傷しても他の舵が役目を果たしてくれます。
また、着底のときにも、舵が損傷しにくいという特性もあります。完璧に着岸でき、海底にも着底できて壊れません。

矢追　なるほど。

保江　十字舵だと、舵が伸びていて下にも出ているから壊れやすい。
そうりゅう型は、日本だけの技術なのです。

矢追　すごいですね。

保江　あと、そうりゅう型の原動力は原子力ではなく、スターリングエンジン（＊熱機関の形式のひとつ。シリンダー内のガス〈もしくは空気等〉を外部から加熱・冷却し、その体積の変化〈加熱による膨張・冷却による収縮〉により仕事を得る外燃機関）なのです。
潜っていても、スターリングエンジンのディーゼルを動かせます。なぜかというと、液体酸素を積んでいるからです。
液体酸素で3ヶ月もの間、スターリングエンジンを回せます。しかも、スターリングエンジンを液体酸素で回した後の排気の中にまで、まだ酸素が残っています。

矢追　再利用するのですか？

保江　はい。問題なく乗組員が吸える酸素なのです。

矢追　優秀ですね。

保江　液体酸素の温度は、零下２００℃ぐらいです。

乗組員の排泄物をマイナス２００℃で一瞬にして凍らせるから、臭くありません。

瞬間冷凍した排泄物を、魚雷型の容器に溜めておいて、そのまま魚雷発射管から出して沈めます。

普通の潜水艦は、外に処理するから海上に浮かんできてしまうのです。溜まった排泄物を出すときには、泡（空気）も一緒に出すとより見つかりやすくなるので、泡は出せません。空気のところは残すので、臭い匂いだけが残ってしまいます。

ですから、原子力潜水艦は入ったとたんに臭いのですね。

ハワイ沖のリムパックで、アメリカと日本の潜水艦が一緒に演習をしました。

最後の日にアメリカの艦長が日本の潜水艦の中に表敬訪問するのですが、感動していたといいます。

アメリカの原子力潜水艦は臭いのに、そうりゅう型ではちっとも臭くない。乗組員たちは、匂いのない環境で食事ができるのです。

それを知ったアメリカの艦長は、潜水艦を代えてくれといったそうです。

実は僕、横須賀港で海上自衛隊の潜水艦に乗りました。マニアですから。

矢追　それは羨ましい。

保江　そのときにお会いしたのは、30歳過ぎの若い艦長さんでした。その方がいろいろと教えてくださるのです。

中国海軍が、航空母艦を開発しましたよね。

矢追　遼寧《りょうねい》ですね。

保江　それについてうかがうと、「何も心配ありません。あんなもの、魚雷1発で沈めます」と。しかし、「旧海軍の戦艦大和だって魚雷を20発打たれてやっと沈むということですから、それはいい過ぎでしょう」とつい、反論してしまったのです。そうしたら、「ハワイ沖で演習したときのものです」と、映像を見せてくれました。

ハワイ沖で、第二次世界大戦の頃の戦艦を使って演習したときのものでしたが、本当に1発で沈めていたのですね。

矢追　リアルな戦艦を演習に使っていたのですか？

保江　はい。1発で確かに沈めていました。

なぜ1発で沈められるのかを聞いたのですが、このように艦体に当てても沈まないのだそうです。これでは、それこそ30発ぐらい当てないとダメだそうで、今、海上自衛隊の潜水艦は1発だけ、艦底の下に打つのです。

10メートル下の位置で爆発させるのですね。有線誘導だからそういうことができるのです。

爆発させると、気泡がバッとできます。そうするとその部分の水がなくなって気体になりますから、水の浮力がなくなるのです。

そうなると戦艦の巨体の重さが艦底の前部と後部のみで支えられているので、船底を支える竜骨がボキンと折れてしまうのです。

矢追　１発で竜骨が折れて撃沈ですか。すごいですね。

保江　すごいでしょう、この戦法！

これは、精密有線誘導の魚雷を艦底中央部から10メートル下の一部分に、精密に誘導することで初めてできる技なのです。今の海上自衛隊は、こんなことができるという。

こんな精密な技術があるので、ロシアや中国のどんなに大きい艦艇がやってきても全然問題ありません。艦長が、

「任せてください」といっていましたよ。

ロシアの武器の実力とは

矢追　ロシアや中国の軍事力というのは、実際どうなのでしょうか？

保江　今回のウクライナ攻撃でロシアの軍事力の実状がわかって、安心できたことがあります。

ロシアの最新鋭の戦車はT37という、すごい性能を持つものなのです。

対戦車ミサイルが向かってきても、着弾する前に爆発を起こして防備するという機能が戦車の外側にあるのです。弁当箱みたいなものが外側にたくさん付いているのですが、それらが爆発して、その力でミサイルを外すものというものです。

実際、T37は、その性能に最も優れているということが売りだったのですよ。

ところが、実際にウクライナにT37で侵攻してみたら、簡単にイギリスの対戦車ミサイルが着弾して、すぐにやられてしまいました。

最初は、理由がわからなかったのです。

しかし、ウクライナ軍が、燃料がなくなって放置された戦車を捕獲して調べてみると、なんとその弁当箱のような部分には、いっさい爆薬が入っていなかったのです。

つまり、お披露目をした試作品では、優れた戦闘力がある最新鋭の戦車だとデモンストレーションをしたのに、どこかで誰かが経費を中抜きして、爆薬を詰めていなかったのですね。おそらく、軍隊のトップや戦車メーカーなどが、政府からのお金を懐に入れたのでしょう。

矢追　ありえますね。そういうお国柄ですから。

保江　まさか実戦になるとは思わず、バレやしないと高をくくっていたのでしょう。一番重要な火薬が入っていない、外見だけは立派なものを納入し続けていたのです。

矢追　ひどい話ですね。

保江　ロシアでそうですから、ロシアが設計した戦車をコピーして使っているような、中国共産党はもっとひどいかもしれません。しかも、お金を中抜きするというのは中国人が得意とするところですから。

それを知ったヨーロッパなどは、ロシア軍も中国軍も恐れるに足らず、とても安心しています。

プーチンは、今回のことで本当に損をしました。目標も達成できず、自国のだらしなさを露呈しただけですからね。

ただ、核兵器だけはわかりません。先述の戦車と同様に実戦には使えないという意見もあります。

核兵器に使っている核物質にプルトニウムなどがありますが、あれは一つひとつでは核分裂しない分量のプルトニウムの固体が二つ合わさって初めて核分裂して爆発するものです。ですから、爆発させるまでは、それらは分かれているのですね。

ところが、その固体プルトニウムは自然崩壊でだんだんと減っていくのです。半年以上経つと、二つ合わせても臨界点を超えなくなり、爆発しません。ですから、半年に一回は核兵器の中の核物質を交換しなくてはいけないものなのです。

しかし、おそらくロシアは、取り替える予算が政府から出ていても、企業や軍のトップなどがその資金で私服を肥やすだけで、取り替えていないのではないかと思います。

矢追　中国はもっとひどそうですね。

保江　中国はもっとひどいです。だから、飛んできてもおそらく、核爆発はしないのではないかと思います。

アメリカもイギリスもフランスも、半年ごとにきちんと交換しています。

そして、日本の原子力発電によってできたプルトニウムは、実はフランスの処理工場に行っているわけではなく、アメリカに行っているのです。アメリカが作る核爆弾の、半年に一回交換する、そのプルトニウムになっているのです。

アメリカの核爆弾のために、日本は原子力発電をやめられないわけです。

矢追　そうなのですね。

保江　茶番なのですよ。

アメリカの核の傘の下に守られているように思わされた日本では、原子力発電はもうやめられないのです。

アメリカのものは本当に爆発します。それをロシアも知っているので、第3次世界大戦になったら、自国だけがやられるということも感づいているのです。だからプーチンは、脅したりしますが、実現はできない。

ただ、ウクライナの稼働中の原子力発電所をメルトダウンさせることはできます。メルトダウンさせたら放射性物質が西に流れていくので、チェルノブイリのときと同じでヨーロッパ全域が汚染されてしまいますから、欧州はこれが一番怖いのです。


こうしたことを、日本人はあまりに知らなすぎます。能天気というか……。防衛についても、もう少し興味を持っていいですよね。

例えば、日本の警察官の数は、先進諸国では割合が一番低いのです。これでなんとかなっているのが逆にすごい。もっと増やしていいぐらいなのですね。

菊の御紋の小銭入れ

矢追　日本の交番制度というのは強いですよね。海外でも一部採用しているようですが、法整備を含めてなかなか難しいと聞きます。

他国で真似したくても、まずは土地を買収しなくてはいけないというハードルがあります。交番を設けるということは、法的にもそこを占拠しなくてはいけない。だから、大変だそうです。

保江　なるほど、そんなことがあるのですね。この、菊の御紋の入った小銭入れをご存知ですか？

矢追　いえ、知りません。

保江　交番勤務のおまわりさん全員が持っているものに似ているそうです。おまわりさんは、５００円玉、１００円玉、50円玉、10円玉、５円玉、１年玉という小銭をひととおり持っておかなくてはいけないと命じられており、このような小銭入れを持たされるのです。

用途としては、例えば、子供がお金を拾って交番に届けにくることがありますよね。

そういうときは、

「ありがとう、君はいいことをしてくれたね」と褒めてあげます。

しかし、その小銭を紛失物として受理すると、書類などの手続きがとても面倒なのですね。

毎回、まともに対応していたら仕事ができません。

そのために、一応受理したというかたちにして、

「じゃあ、拾って届けてくれたお礼を渡すよ」といって、同じ金額をあげるそうです。

それで、子供が拾ったという小銭をその小銭入れに入れ直すのです。

こうすることで、手間暇を省くことができます。最初に入れるお金は自腹だそうですが。

子供は、その正直さを認めてもらえて嬉しくなれます。

矢追　なるほど、なかなかいい話ですね。

保江　いい話でしょう。それを聞いて、この小銭入れを僕も入手したのです。

矢追　その菊の御紋がすごいですね。菊の御紋というのは、錦の御旗ですよね。

保江　明治維新からずっとそうですね。

矢追　「トコトンヤレトンヤレ」(*明治元年頃に作られた日本最初の軍歌であるとされる「宮さん宮さん」の歌詞の一部）ですから。
　明治維新ではやはり、菊の御紋を奉っていましたからね。

保江　そうですね。それで勝ったようなものですね。

矢追　勝ったのです。菊の御紋といっても単なるマークですが、あの頃の菊の御紋は、長細いものでした。

保江　そうでしたよね。いびつな楕円形のものです。

矢追　まっすぐなふんどし風の御旗が竿にかかっていて、それを二本押し立てて明治維新に向かったのです。明治維新の武器は、この御旗だけでした。

　この錦の御旗で、国民に「はい」といわせたのです。

保江　そのとおり。

矢追　一般ピープルとしては、錦の御旗といわれたら、天皇、皇室関係かなと誤解していました。実際はなんのことはない、ただ、ふんどし風の旗を二竿に仕立てて、錦の御旗だといい張っただけなのです。

　日本の大衆ってアホですから、簡単に騙されてしまうのですよ。

保江　まったく同じ意見です。大衆に迎合したらロクなことがありません。能天気で、危機管理意識がほぼないのですから。

矢追　それだけ日本の社会は今、うまくいっているということです。

本来は、それどころの騒ぎじゃないはずなのです。自分の飯の種をどうやって稼ぐかと汲々《きゅうきゅう》としているはずなのですが、割と余裕があるでしょう。

ゆでガエル理論（＊ゆっくりと進む環境変化や危機に対応する難しさや大切さを説く言葉）ではないですけれども、この状態がずっと続いていくと、皆が気づかないうちに最悪の状態になっているかもしれませんね。


保江　一度、リセットしたほうがいいですよ。

ことわざにあるでしょう。

「朝に道を聞かば夕べに死すとも可なり」。今回、矢追先生から真理を聞いてしまいましたから……高次元の存在だからこそ、3次元の世界を掌握できていると。

この真実を聞いてしまったのですから、もう僕はいつ死んでもいいくらいです。

松井守男画伯の仰天エピソード

保江　少し前に、松井画伯という僕の知人が亡くなりました。松井守男さんとおっしゃるのですが、この方はピカソ最後の弟子の日本人といわれ、フランスのレジオンドヌール勲章を授与されたお方です。コルシカ島に住まわれていたのですが、日本にもよくご帰国になっていました。

親しくさせていただいておりまして、よく一緒に飲みに行っていたのですよ。京都の芸舞妓を呼んで全員の絵を描いてあげたりしていました。

助手の方から電話があって、2日か3日くらい連絡がなかったから気になって、画伯の絵をたくさん飾っている神田明神が斡旋してくれたアトリエ兼ご自宅に行ってみたら、お布団で寝たまま亡くなられていたそうです。

矢追　大往生ですね。なかなか畳の上で死ねるものじゃないとよく聞きますから。

保江　そうですね。病院でもなく、ご自宅の畳の上ですから。

電話をいただいた週の土曜日、上賀茂神社で奉納があったときに、僕も松井画伯も参加することになっていました。

しかし、その数日前に亡くなられていて、お会いできませんでした。

川床《かわどこ》のある、先斗町《ぽんとちょう》の鈴野屋という店に、夏に一緒に行ったときのことです。

女将さんが、松井画伯を見たときに、

「あれっ」とおっしゃいました。松井画伯も、

「あれっ」とおっしゃって。

どうしたのかと聞いたら、なんと30年前にそこに行ったことがあったのだとか。

矢追　30年前ですか。

保江　なぜ行ったのかというと、当時のパリで、デヴィ夫人が松井画伯に絵を描いてもらったことがあったのです。それを知ったある有名な女性が、松井画伯が日本に来たときにヌードを描いてもらいたいと申し込み、その打ち合わせに川床に呼んだのだそうです。

それが、鈴野屋さんでした。そのときに、松井画伯はそこの女将と会っていたのです。あのときの、とお互い思い出して、二人してその話をしてくれたのです。

松井画伯はその有名女性に挨拶をされましたが、ぱっと見たときに腹黒く見えたのだそうです。だから、

「あんたは描かない」と断りました。

それを見た女将さんは、

「あんな有名な、良家の奥さんを拒絶できる人はなかなかいない」と、印象的だったから覚えていたのです。

そんな方が亡くなられて、寂しくなってしまいました。

画伯の秘書さんがおっしゃるには、後が大変らしいですよ。ずっと独身でいらしたので、相続争いなどは問題なかったのですが、今まで一度も親交がなかったような、親戚だという人がどんどん出てくるのだそうです。

矢追　ありがちですね。

保江　画伯の絵は1点何千万円なのですが、それをよこせというんですって。日本にあるのはもう全部売れている絵で、まだ売れていないのはすべて、フランスのコルシカ島のアトリエに置いてあるのです。

ですから、フランスのほうにいってくれと答えているそうですが、自称親族も、さすがにフランスに文句はいえないですよね。

レジオンドヌール勲章を授与されていましたので、画伯が亡くなった後、絵はすべてルーブル美術館に献贈することになっているのです。親族といえども手を出せません。

矢追　よくある話ですよね。亡くなった途端に、関わりがまるでなかったような親戚が、続々出てくるという。

保江　まさに。

矢追　最近、よく人が亡くなりますよね。保江先生はまだお若いですけれど、僕ぐらいの年になると、もう１００に近いからね。時間的なものもあって、同窓生や親しい知人もそろそろみんな死ぬのですよ。

保江　本当に。最近よく亡くなりますよ。俳優の渡辺裕之さんも亡くなられました。自死だったと聞きました。奥さんとも別に仲は悪くなかったし、仕事もちゃんとされていたのに、鬱を患っていらしたとか。

僕は、渡辺裕之さんと同じ舞台に立たせていただいて、褒められたこともあったのです。大阪のあべのハルカスの劇場でした。

その打ち上げでガンガン飲んでいて、面白い人だなと思っていたのです。タフガイでしたので、なぜと驚きました。

上島竜兵さんというお笑い芸人さんも亡くなられましたね。

矢追　そうでしたね。

みんなやはり、新型コロナウイルスやワクチンの影響が、多かれ少なかれあるのでしょうね。自殺する人も増えているといいますし、潜在的に自殺願望を持つような人が増えているのかもしれません。

そして、地球環境全体を見ると、今の時期は人類が減っていく時期にあたっているのかもしれませんね。人類が増えすぎたということかもしれません。

保江　増えすぎました。今や多すぎです。

矢追　自然淘汰……ネズミだったら、一斉に崖に向けて走っていくような。

左脳重視の教育システムでは、目覚ましい発展は望めない

保江　それにしても、我々は高次元の存在だからこそ、3次元の世界を見ることができているという真理に、なぜ今の物理学者や数学者は気づかなかったのでしょう。

考えれば考えるほどそのとおりです。

今の僕の無念は、先生から教えていただく前に、なぜ自分で気づけなかったのかというところです。これがなんとも悔しい……。

矢追　肝心なところに、物理学者などの先生方は気付いていないのですね。

保江　教育がダメなのです。特に、物理学者になるような教育がまたダメで……。

矢追　教科書が間違っているということでしょうか。

保江　そうそう。それです。その教育システムの中で這い上がっていかないと、物理学者としては認められませんから。

矢追　学問形態がそうなっているのですよね。

文科省のせいですね。もっとみんなが自由な立場でものを考えたり、見たりすればいいのですが、一般的にはそれができないような教育しか受けていないのですね。

常識でしか受け入れてもらえない、自分なりの理論を述べたところで、常識的でないとスポイルされる、そういう風潮にしたのですから。

保江　例えば、ベルリンフィルの楽団員は、毎晩酔っ払って酒癖が悪かろうが、女癖が悪かろうが、いい演奏さえすればいいのですが、NHKフィルなどの日本の楽団は、品行方正を求められるのですよ。

矢追　そうでしょうね。

保江　でも、芸術と品行方正はまったく関係ないというか、むしろ逆方向ですよ。そこをわかっていないから、NHKも交響楽団員に品行方正を求めるわけでしょう。本当にいい演奏をするだけでいいなら、別に女たらしだって、アルコール中毒だっていいのです。

昭和初期までは、日本にもそういった雰囲気があったようですね。

当時、アインシュタインの相対性理論を日本人で唯一理解できていたという、東北帝国大学の石原純先生がいらっしゃいます。アインシュタインが来日したときも、ずっと付きっきりだった方です。

ところがその先生、なんと女性に溺れてしまいました。当時の女流歌人と、九十九里浜まで駆け落ちしたのです。

その途端、東北帝国大学を辞職してしまい、岩波書店に雇われてアインシュタインの解説本を書きました。

そのうち、その女流歌人も捨ててしまい、悲惨な最期でした。

しかし、物理学における業績はピカイチです。ですから、僕の憧れはその石原先生です。世間から後ろ指を指されても、物理学への貢献はすごかったのですから。

矢追　しかし、どの世界でも、究極はやっぱり人間性ですよね。結局最後は、人間性がものをいうのであって、業績はくっついてくるだけの話ですから。
アインシュタインも変わった人でしたが、人が良かったからみんなに好かれたのですよね。理論としては、同じような内容を述べた人はたくさんいたかもしれません。

保江　いましたね。ポアンカレとか。

矢追　ポアンカレもそうですよね。彼も人が良く、そしてちょっと変わっていましたね(笑)。

保江　世間から見てちょっと変わっているというのは、右脳モードの人なのですよね。そこがいいのです。

矢追　左脳の人は、けっこう大変ですよ。理屈で勝たなきゃいけませんから。

保江　本当に僕も、やっぱり一般的に見ると変人です。

普通の物理学者だったらしないようなことをいろいろと、長年してきています。

新型コロナウイルスの緊急事態宣言でみんなが動かなかった頃も、僕は、平気であちこち移動していました。

新型コロナウイルス騒動が始まった2020年の5月頃でしたが、まだ京都の花街はそれほどピリピリしておらず、普通に芸舞妓さんも出勤していました。

きっと置屋は暇だろうと思って馴染みのところに行ったのですが、案の定開店休業状態のようでした。

ほとんどの芸舞妓さんが燻《くすぶ》っていたので、

「みんなで飲もう」と。

僕と秘書が並んで座って、芸舞妓さんが前方にズラッと控えていましたが、内心、今日はいくらかかるのかなとドキドキでしたね（笑）。

置屋の女将が出てきたとき、僕はすでに酔っていたので、秘書の膝を軽く触っていたのです。

それを見た瞬間、女将に、

「あんたはん、軽蔑しまっせ」といわれたのです。

その置屋の芸舞妓さんを触ったのなら怒られても仕方ありません。しかし、僕が連れてきた秘書の膝を触ったぐらいで、こんなにも怒られるのかと驚きました。すごい剣幕でしたから、とにかく、

「すいません。すいません」と謝りました。

でもそれから延々怒られて……女将も、よっぽどストレスが溜まっていたのかもしれません。芸舞妓さんもみんなお母さんの味方で、僕が一人だけ悪い男のようになってしまいました。

そのうちに、たまたま知人の一部上場企業の会長さんが来店されたので、一緒になってカラオケもして3時間以上盛り上がり、そろそろ帰ろうということになりました。

会計をしてもらうと、芸舞妓全員上がってくれていたこともあり、とんでもない金額だったのです。ある程度、覚悟はしていましたからクレジットカードで払おうとしたのですが、置屋はカードでの支払いは不可なのです。料亭などに芸舞妓さんに上がってもらうときはたいがいカード払いができるのですが。

「カードは、ダメなんどすえ」といわれまして、「あんなに怒られたうえにカード払いもダメとは……」と思っていたら、会長さんが、

「大丈夫、うちの会社につけておくから」と肩代わりしてくれたのです。

感心したのは、京都の花街の女将さんは、自分の置屋の女の子だけを守るのではなくて、僕の秘書まで守ってくれたことです。

矢追　なるほどね。

保江　すごいなと思いました。それ以来、女将さんには頭が上がらないのです。

あとで知ることになったのですが、その方は祇園では有名な人でした。こんなエピソードが残っているのです。

以前、皇太子妃だったダイアナ妃が来日し、京都でお座敷遊びをしたいと希望しました。イギリス大使館が、件《くだん》の置屋が祇園で一番の古株だからと、

「芸舞妓を遣わしてほしい」と電話をかけてきたのです。女将さんが、

「どちらさんどすか？」と聞くと、

「イギリス大使館です。今宵、京都にダイアナ妃がいらっしゃいます」と答えます。

「どちらのダイアナはんどすか？」

「イギリス王室のダイアナ妃でございます」

女将さんは、

「イギリス王室かどこか知りまへんけれども、うちは一見さんはお断りさせてもらっています。すいませんけれど、紹介の方を立てていただけませんか」といって電話を切ったのです。

花街で一番古いという置屋の女将が断ったものですから、他の置屋もどこも受けられませんでした。

ダイアナ妃の座敷には、結局、コンパニオンを呼んでお茶を濁したのだそうです。

僕が怒られたのは、そういう女将だったのです。

矢追　たいしたものですね。

保江　そのおかげで、今やその女将さんとは仲良くさせてもらっています。いつでもどこでもといってくれて、祇園はもちろん、少し離れたところでも芸舞妓を派遣してくれるのです。

矢追　先生のお人柄ですよ、本当に。

ユリ・ゲラーと銀座に行く

矢追　そうしたお座敷遊びもいいものですよね。東京でもよく行かれるのですか？

保江　招待してくださる方がいればたまに行くことがありますが、一人では行きません。自腹ででも行くのは、祇園ぐらいですね。

招待してもらって行ったことがある東京のお店の中で、今までで一番良かったのは、やっぱり銀座でしょうか。

地方でもどこでも、クラブの女性は同じような感じだと思っていたのですが、一度、銀座で感動したことがありました。

僕らが話をすると、僕の隣に座っていた子が、ドレスの胸元から小さいメモ用紙を取り出して、ハンドバッグから出したボールペンでメモし始めたのです。

「何をしているの?」と聞いたら、

「あまりに貴重なお話だからメモさせてもらっています。いいですか」といいます。

「いいけど、今、胸から取り出したよね」といったら、

「私、胸がスカスカですからここが一番いいのです」というのです。それだけでもう、やっぱり銀座のクラブの子は違うなと驚嘆しました。

矢追　確かにそうですね。銀座の子はひと味違います。

保江　そうですよね。単に話を聞いたり、キャーと盛り上がったりというだけではないのです。

矢追　自分から話を振ったりしませんよね。

保江　こちらの会話をきちんと聞いた上で、上手に合わせてくるというか。

矢追　座持ちが上手いですよね。そこが赤坂とか中野とか渋谷などとは違いますね。どこが違うかというのは簡単にはいえませんが、まず、邪魔をしないというところです。つまらない話はしませんし。飲み屋の女性はつまらない話をすることが多いじゃないですか。

保江　来てよかったなと思えるような話は、ほぼありませんよ。

矢追　そうそう。私は初めての銀座の店に行くと女将を呼んで、「今日は会社の金ではなくて、自腹で飲むからね。だからそのつもりでお勘定してね」といいます。会社の経費だと思われるとすごいお支払いになりますが、自腹で現金払いだよというと安く飲めます。

保江　経験がなければいえないことですね。

矢追　お互いに気心が知れてくると……カウンターに酒瓶が並んでいるじゃないですか。お得意さんの名前が書いてあったり。

「ルイ13世が飲みたいな」というと、その棚から持ってきて飲ませてくれたりね。そんなときはチップをちょっと弾みますけれど。

保江　さすが、矢追先生は扱われ方が違いますね。

矢追　銀座はちょっと、価格も違いますからね。

保江　違いますね。以前、銀座に連れていってくださった方がいて、何軒か行ったのですが、そのうちの一軒などは、顔を出すだけで5万ですよ。

矢追　座らなかったのですか？

保江　ドアを開けただけです。なぜ行ったのかを聞くと、「（お金を）入れておいてあげないといけないから」と。寄付みたいなものですね。

矢追　昔、銀座にユリ・ゲラーを連れていったことがあるのです。

保江　びっくりしたでしょう。

矢追　ユリは、すごく興奮していました。銀座四丁目の角、服部時計店の前で、大声で、「おい！　俺はとうとう世界の銀座に来たぜ！」と、叫んでいましたよ。
バーに連れていきましたが、ユリの弟分のシッピもいっしょでした。店に入って、「さあ、飲もう」といったら、ユリが、「ここは高いんだろう？」と気を遣っているので、

「まあまあ、そこそこだよ。お前はそんなことを心配しなくていいから」といったのです。

しかし、ユリは、

「でもね、矢追が払うんだから」と、シッピに向かって、

「ここは高いんだからやたらに頼むんじゃないよ」といったのですよ。

保江　奥ゆかしいところがあるのですね。

矢追　そうなのです。そうしたらシッピが、

「何を頼んだらいい？」と。

そこで、ユリは心配しながら、コカコーラを二つ頼んでいました。

保江　可愛い。

矢追　ユリとしては、「俺一人ならまだしも、弟分のまで持たせることになるから」と、本当に気を遣っているのですよ。

保江　有名人なのに謙虚ですね。

矢追　「まあ大丈夫、これで破産はしないから」というと、「ここはいくらぐらいするんだ？」と聞くので、「席に座るだけで、一人５万円だよ」といったら、ひっくり返っていました。

保江　それはそうでしょうね。

矢追　それでユリは、「シッピ、シッピ。お前ね、そこに座っているだけで５００ドルだからな」と。

米ドルの５００ドルというのは、日本人の感覚の５万円とは全然違いますよね。ずっと価値が高いものです。

保江　面白いなぁ。

矢追　「心配しなくていいよ」というしかありませんでしたけどね。

ママが席に来たので、

「この人は、ユリ・ゲラーさんだよ」といったらえらく感激してくれまして、

「よく来てくださいました」と通常以上にもてなしてくれました。

そうしたらユリが、サービスのつもりだったのでしょう。

「ちょっと手を見せて」といって、ママの指輪をしている手をとって、その指輪のところをじっと見ると、指輪がグッとねじれて折れて、ポロンとテーブルに落ちてしまったのです。

それでシッピが、もうそれは心配して、

「なんてことするんだよ！　その指輪、きっと高いよ！」と。それで、

「これは払っておくから大丈夫だよ」といったのですが、本当にうにゅーんと曲がってポロッと落っこちたのです。ママも、とても驚いていました。

保江　矢追先生からしか聞くことのできない逸話ですね。

パート6　自分が神様――無限次元に存在する

（対談2日目）

ヤオイズムの流れで起きる奇跡的な出逢い

保江　人間は、本当に面白いですね。

矢追　そうですね。

保江　本質が高次元の存在だから、この3次元の中にあっても3次元を認識できているという。何度も繰り返したくなりますが、この事実はすごいことです。

こんな重要なことに誰も気づいていないのですから。

矢追先生にそれを証明していただいてなるほどと深く納得できたので、僕はもう嬉しくて仕方がないのです。

まさか、理論だけで証明できるとは思いませんでした。本当に見事な証明です。

矢追　よかったです。

保江　誰も疑問にすら思っていませんよ。どんな人でも、3次元の中にいて3次元を認識できているのが当たり前だと、単純に信じきっていますから。

矢追　僕にとっては、それが出発点だったのです。最初に、「自分がここにいるということの証明は、はたしてできるのだろうか？　俺は本当にここにいるのか？」という問いから始まりました。

保江　深いです。

矢追　いる、ということはおそらくほとんど妄想だろうと思っていました。しかし、今見えている景色が妄想だとしても、その妄想というのはどこから湧いてきたのでしょうか。それで宇宙塾を主宰することを思いついた、そこが出発点だったのです。

保江　もうその時点で、すでにデカルトを超えています。デカルトはただ、「我思う、故に我あり」といっていますが、本当は、「我、如何なる存在であるのだろう」ぐらいから出発すべきでした。

矢追　まず、次元からですよね。しかし、みんなそのことをいっていないのは意外ですね。

保江　気づきさえもしないし、疑問にも思わないのです。

自分だけでは、死ぬまでわからなかったと思います。疑問にすら思っていなかったことに対して、ふっと答えを教えてくださったことで、パッと目が開けるという感じでした。ありがとうございました。

前回の対談で、このことを教えていただき、もう気分良く、ルンルンで帰りました。それから気分がいい状態が続いていたのです。

実はその翌日、またヤオイズムの流れがきました。まさかこんなことが起きるのかというような話です。

僕が出演している、『月刊　保江邦夫』というYouTube番組があるのですが、ある方から、ゲストとして出たいという連絡をいただきました。

まったく面識のない方だったのですが、実はその方は、1985年に起きた、日本航空123便が御巣鷹山《おすたか》に墜落した事故の遺族会の会長さんという、ご高齢の男性でした。あの便に、ご家族がお客として乗られていて、亡くなられています。

事故が起きてから、遺族会をまとめて遺族代表となられて、おかしな点がたくさんあるとして真実を追求し、本も3冊くらい出されています。

あの墜落事故は、命令が下された航空自衛官が撃ち落としたという結論に至ったそうです。状況証拠が主だそうですが、本当に緻密に資料を集めて本で訴えたり、街頭でビラを配ったりしていらっしゃいます。

御巣鷹山にも行って人々に訴えているそうですが、やはり政府が隠そうとしているのか、どこもマスコミが取り上げてくれないそうなのです。

ご本人ももうご高齢になって、ご自身でもそう長くは生きていられないし、最後にテレビなどで訴えたいという気持ちを持たれていますが、テレビ局もぜんぜん取り合ってくれないのだそうです。

たまたまその事故の便に、僕の知り合いが乗る予定だったのです。当時勤めていた岡山の大学の副学長なのですが、東京の会合が延びて、羽田空港までは行きましたが、チェックイン時間に間に合わなくて乗せてもらえなかったそうです。

矢追　すごい運ですね。

保江　それで助かったのですが、岡山ではその便で帰るはずだと思っていますから、ニュースを見たときには、みんな驚いていました。

そのうちに本人から電話がかかってきて、「実は乗れなかったんだよ」と。

そんな縁もあって、気にはしていた事故だったのです。

あるとき、航空自衛隊の知り合いがチラッと教えてくれました。僕はミリタリーオタクなので、特に戦闘機とかが大好きですから、そのつながりの方です。彼が、

「どうもあれは、スクランブル（＊領空侵犯のおそれがある侵入機に対する、軍用機の緊急発進）発進をさせられた航空自衛隊のパイロットが、ミサイルを撃てという命令で撃ってすぐに帰投したということらしい。目標に対する目視はなかったそうだ」というのです。

「領空侵犯の何者かが、東京に接近しているから撃て」という命令で、そのパイロットは初めてレーダー照準でミサイルを撃ったのだそうです。

帰投した後、テレビでニュースを見ていたら、ちょうど自分が撃ったあたりの御巣鷹山で、日航機が墜落したと……。

「まさかあのレーダー機影は、その１２３便だったのか」と気付き、その方は気がおかしくなってしまい、その後、自殺したのだそうです。命令だったとはいえ、自分が墜落させたとしか考えられないと。

その後、自衛隊の中でもその話はタブーになったということです。

そうした話を聞いていた僕は、毎年、夏のお盆の時期になるといつも思い出していました。

そして去年の夏、僕が京都で制作してもらっている別の YouTube 番組で、その事件の話をぽろっといってしまったのです。遺族会の会長さんはそれを見てくださったらしく、

「この人ならもっと理解をして、また YouTube 番組で取り上げてくれるに違いない」と思い、連絡をくださったようです。

僕が調べた話でもなく、何人かから小耳に挟んだ程度のことでしたし、番組の制作会社に迷惑をかけるようなことになると困りますから、担当者に相談をしました。

すると、

「いいじゃないですか。ぜひゲストとしてお呼びしましょうよ」といってくださったのです。それで、次の土曜日にその方に来ていただいて、2時間収録することになりました。

そのスケジュールは一ヶ月前ぐらいに決まっていましたが、僕自身、だんだん期日が近づいてくるにつれ、「どう対応すればいいのだろう」という悩ましい気持ちに駆られるようになったのです。

僕は単なるUFO、ミリタリーオタクで、へんちくりんな話ばかりしているちゃらんぽらんな男なのに、どの面下げて、ご家族を亡くされて必死に活動をなさってきた真面目な方の聞き役ができるのだろうかと。

いったい僕にそのお役目が務まるのだろうか……と、ずっと気になっていました。当日が近づくにしたがって、良心の呵責がだんだんと大きくなっていたのです。

けれども、前回の対談ですごいことを教えていただいたことで、気分が良くなっていました。

そして、対談の次の日のことです。

品川の行きつけのビストロで、若い女性と仕事の打ち合わせで夕方から飲んでいました。世間話もする中で、

「今度の土曜日、JAL123便の墜落事故のことをYouTube番組に収録しなくてはいけないんだけど、僕としてはそれに値しない男だし、ちょっと今、混乱しているんだよね」と愚痴をこぼしていました。

そのうちに、僕が追加で頼んだドリンクを持ってきてくれた馴染みのウエートレスさんが、

「さっき、ファンの方かお知り合いの方か、女性がお声かけをしようとしてお近くで躊躇されていましたよ。結局、そのまま席に戻られましたが」と、教えてくれたのです。

「どの人？」と聞いたら、少し離れたテーブルに座られていた方でしたが、全然知らない人だったのです。すると、向こうも僕が見ているのに気がついて、会釈しながら近寄ってい

らして、

「保江先生のファンです。今度の土曜日の収録もうかがいます」とおっしゃるのです。

「今度の土曜日って、ＪＡＬ１２３便の話にわざわざ来てくださるんですね」というと、なんとその方は以前、ＪＡＬの客室乗務員だったというのです。

しかも、同期の客室乗務員が１２３便に乗っていたといいます。ご自身もその頃は現役で働いており、他の便に乗っていたのだと。

あのとき、墜落の報道に驚いて、

「客室乗務員やパイロットの組合が、疑惑の点が多いといって政府や社長に進言したのに、全然取り上げようとしてくれませんでした。

社内でも、ものすごくいろんな意見が飛び交って、『事故調査委員会の報告がおかしい。隔壁が破れたぐらいで、わずか１気圧も差がないのに尾翼が吹き飛ぶわけがない』とみんなで主張したのに、まったく会社などが動いてくれることはなかったのです。だからずっと燻っていました」と。

その方は、僕の番組で１２３便の話をするというから、これは絶対に行くべきと申し込んでくれていたのです。たまたまその日は友達と会うことになっていて、そのビストロに初めて来たのだそうです。

彼女がトイレに行こうと、ちょうど僕の背中の後ろを通るときに、ふっと見たら僕が話をしているのに気づいたのですが、若い女性と一緒だったから気を使って声をかけかねていたところを、ウエートレスさんが気を利かせてくれたのですね。

それで、次の土曜日にゲストで来られる遺族会の方ともぜひお話をしたいといってくださったのです。

これで、僕はほっと胸をなでおろしました。少なくとももっと具体的な話にもなるでしょうし、内部にいらした方の話が聞けるのは貴重です。

また、今は辞めていらっしゃるから、立場的にも現役の頃よりはフリーでしょうし、他の関係者ともつながることができるかもしれない。ちょっとでもお役に立てるかなと思って、肩の荷が少し降りた気分です。

こんな偶然は、普通は起きないですよ。おそらくこれは、全部ヤオイズムです。流れに身をまかせていると、どんどん良い方向に行きますね。

本当に本に書いていらしたとおりだと、再認識させられました。

ひょっとしてこれをきっかけに、123便問題も少しは進展してくれるかもしれない、年を取って、そんなにもう自分は長くはないとおっしゃっている遺族会の会長さんにとって、無駄じゃなかったと思っていただけるような出逢いになっていけばと思いますね。


その現場を目撃したという、生き残った客室乗務員や乗客がいたでしょう。

その人たちの目撃情報などを綴った本があるのです。

『JAL123便の疑惑』(角田四郎　早稲田出版)という本で、僕も気になっていた事故でしたから発売日に買ったのですが、まもなく本屋から消えていました。

すぐに世間では、事実を知られたくない勢力から買い占められたんだとかなんとか……。

だから僕は、岡山で希望者にその本を貸していたのですが、また貸しされてしまって行方不明になってしまったのです。もしかしたら誰かが意図的に葬ったのかもしれません。

ですから、その内容は、僕の頭の中にしかありません。

その後、10年とか20年経って、似たような本が何冊も出たようです。

しかしその内容は、最初に出版された本の、ほとんど焼き直しでした。

矢追　非常にセンシティブな内容ですね。

保江　YouTubeでも、その事故について追求する動画が上がっていますし、何者かに墜落させられたと発言されていたようです。

とにかく、このヤオイズムが真理なのです。

常識的に左脳で考えて、自分では荷が重いとお断りしていたら、ヤオイズムの流れはつかめなかったと思います。

変な確信、根拠のない自信を持って、「いや、自分ならなんとかなるだろう」と引き受けたというところが大事なのです。

矢追　その客室乗務員さんが初めて訪れた店に、ご自身がファンである保江先生がいらしたというのは、どんな確率でしょうか。

保江　もう、限りなく0ですよ。

しかも、ウエートレスさんが気を利かせて声をかけてくれなかったら、なにも起こりえなかったのです。

このヤオイズムを、今回の対談でもっと、世間に知らしめたいものです。

本当に、皆がヤオイズムで肩肘張らない生き方をしてくれると、日本はずっと良くなりますよ。そうした生き方をしている人が増えてくると、ヤオイズムを知らない人たちも変わりますから。空間が変わり、世界が変わるのです。

おおぜいの人の世界が変われば、そのうちにすべての世界が変わると思いますし。

矢追　そうですね、面白いですね。

地球にある宇宙人のコミュニティ

保江　僕の知り合いで、高知県にある高校の、物理の先生がいらっしゃいます。

別府《べふ》進一さんとおっしゃる方で、ＵＦＯに乗せられて、他の星に何回も行っているというのです。

何人もの地球から同行した人ともその星で会っているようなのですが、別府さん以外の人たちは記憶を消されていて、地球に戻ってきたときには他の星にいたことは忘れています。

別府さんだけはその記憶を消されないのですが、その理由は、彼が連れていかれる人の一人として選ばれた理由でもあるらしいのです。

今の地球の教育は最低で、全員に画一的な内容を教えているという状況があります。特に、日本では最もそれを重んじているので、教育をぜひ変えていってほしいと。

宇宙人によれば、本当の教育というのは、その子が持って生まれた天賦の才だけを引き伸ばす……、それだけでいいというのです。後のことは勝手についてくると。

例えば、走るのが得意な子は走らせているだけでいい、音楽が好きな子は音楽だけをやらせていれば、国語も算数も後でついてくるということです。

それで、別府さんにはそうして学んだ教育方法を地球で実践してもらわなくてはいけないから、記憶を消さないことになっているというのです。

矢追　なるほど。

保江　彼が宇宙に行った顛末や宇宙人との交流については本になっています（『天皇の龍
ＵＦＯ搭乗経験者が宇宙の友から教わった龍と湧玉の働き』明窓出版）。

非常に臨場感をもって書かれており、評判も上々のようです。

ご自身が勤務されている学校や、お名前も実名で出しています。

学校の中や県の教育委員会でも変わった先生だとよくいわれるそうですが、生徒には一番人気のようでした。

物理の教師なんて、普通は人気がないものです。しかし、彼はとても慕われていて、周囲や生徒からの大きな信頼を得ているのですね。


その彼が、宇宙人に学んだ教育方法というのは、まさにヤオイズムに書いてあるような、常識的な枠を破るような、驚くべき内容なのです。

それが、これからの地球において必要だと宇宙人がいうのですね。

矢追先生には、最近、宇宙人からのコンタクトなどはありますか？

矢追　ありませんね。

保江　今年、来年にかけて、宇宙人についてのものすごい情報が表面に出るということをいう人がたくさんいるのですよ。

そんな機運もあるので、その一環で僕は今回、矢追先生と対談させていただけたのかなと思っていたのですが、少し前のコラボでの YouTube 収録のときも、ＵＦＯや宇宙人とは関係ない方向の話が多くて、今回もヤオイズムがメインテーマでもありますよね。

僕は、こちらのほうがありがたかったのです。ＵＦＯ、宇宙人のディスクロージャーというのもよいのですが、人知を超えた人間のすごさというものを広く知ってもらう、自覚してもらうということのほうが大事ですよね。

矢追　そうですね。まあ、宇宙人情報といえば、ＮＡＳＡが最近発表したそうですが、現在

TICTAC計画が進行しているそうです。

TICTAC計画というのはNASAが主催していて、宇宙人とNASA、あるいは宇宙人と地球人との交流の有り様を公表する、ということなのです。

現在、キューバのグアンタナモ湾にあるグアンタナモ基地の裁判所で、9・11の容疑者を裁判中で、処刑者も出てきているという話です。

ですから、そのタイミングでNASAが、TICTAC計画が進行していることを公表してきたということは、今年、来年あたりに何かあるのかなと思っているのです。

保江 グアンタナモですね。

矢追 そうです。だいたいその手の裁判はグアンタナモでやっているようですね。

保江 そうですね。なぜかキューバのそのあたりが、米軍基地になっていますよね。

矢追 アメリカ合衆国からは近いですものね。マイアミのすぐ隣でしょう。

だから、ＴＩＣＴＡＣ計画について、ＮＡＳＡがそれを公表したということに、何か裏がありそうだと。

保江　なるほど。ではいよいよ、本当に情報が出るのでしょうね。

矢追　どこまでの情報かはわかりませんが、地球に宇宙人が訪れているということの証拠になるようなことをいってくれたら面白いですね。

保江　そうですね。

矢追　ロシアのメドベージェフ氏がいるでしょう。

保江　大統領や首相になっていますね。

矢追　はい。彼が、国際的な地球環境に関する会議の分科会で、当時アメリカの大統領だったオバマさんと共同で、宇宙人と地球人との関係について公表するといったのです。２０１１年の暮れか、２０１２年の初頭かどちらかだったと思います。国際会議で発言しているので、これはおそらく実現したのではないでしょうか。おおっぴらには報道されていなくても、何らかの形で公表して、それが文書になってどこかにあると思うのです。

それこそ、今年から来年にかけて何か大きなことがあるのかもしれないですね、ひょっとすると、宇宙人が名乗りを上げるとか……。宇宙人は、シベリアのほうに住んでいるといっているそうです。

保江　やはりそうですか。

矢追　どうも、住んでいる地域があるようですね。

ちょっと時代が曖昧ですが、オバマ大統領時代でしたか、ひょっとしたらトランプ大統領になってからかもしれないですが、大統領に定期的に見せる報告書があり、その報告書の中に、シベリア地域における宇宙人の棲息についての報告が入っているという話なのです。どうやら、宇宙人のコミュニティというものがあるらしいと。

それはもちろん公表されていないでしょうが、どこかにちゃんとあるはずです。何かそういうことについての、暴露があるかもしれないですね。

保江　それは公表してほしいですね。

矢追　どういう形で出てくるかは、ちょっと見当がつきませんけれども。

保江　そういえば、メドベージェフ氏がテレビ番組の収録が終わってから、オフレコのつもりで、

「宇宙人は、実はいるんだよ」と発言したという話がありましたよね。

矢追　それはたしか、私の本にも書きました（『「矢追純一」に集まる未報道UFO事件の真相まとめ～巨大隕石落下で動き出したロシア政府の新提言』）。

保江　なるほど、それで僕は知っていたのですね。

（編集部注：参考用に、『「矢追純一」に集まる未報道ＵＦＯ事件の真相まとめ　～巨大隕石落下で動き出したロシア政府の新提言』より引用）

＊＊＊＊＊

２０１２年12月7日、ロシアのメドベージェフ首相が、テレビ番組終了後のテレビキャスターからのインタビューの中で、「宇宙人についてのファイル」の存在についてコメントした。このとき、彼は自分のマイクのスイッチがオンのままだったことに気づいていなかったらしい。

女性キャスターが、

「大統領になると、宇宙人やＵＦＯの情報を知らされますか？」

と聞いたところ、メドベージェフ首相は、

「一度だけはっきりと言います」

と前置きしたうえで、こんなふうに答えたのだ。

「大統領就任時に、核兵器発射のコードが入っているブリーフケースと特別な極秘ファイルを受け取ります。これは、地球を訪れた異星人に関する資料です。彼ら宇宙人を管理する、完全に秘密な特殊機関による報告書で、これらは任期終了とともに、次の大統領に渡されます。詳細は『メン・イン・ブラック』という映画を見ればわかるでしょう。われわれにまじって何人の宇宙人が住んでいるのかは言えません。パニックになるといけませんからね」

ここで出てくる「メン・イン・ブラック」だが、このニュースを聞いた人たちの多くは、ハリウッド製のコメディ映画を思い浮かべたようだ。そのためこのニュースは各国のマスメディアにメドベージェフ首相の軽いジョーク、リップサービスとして受けとめられ、新聞でも小さな記事としてしか扱われなかった。

だが、実はそうではない。首相の言った「メン・イン・ブラック」とは、ＵＦＯや宇宙人に関する事件に基づいて制作された、ロシア製のドキュメンタリー映画のことを指していたのだ。

いずれにしろ、当局がまだ公式に世界に発表できない事実を、ロシア市民にさりげなく示すために、メドベージェフ首相のコメントが事前に用意されたのかもしれない。

＊＊＊＊＊

保江　前回、赤松瞳さんという女性についてお話ししました。

ＵＦＯなどを研究しているロシアの施設に、アナスタシアという村の人たちを連れてきて、ＵＦＯを組み立てさせたら動いたといいましたが、その村人たちは、ひょっとすると宇宙人なのかもしれませんね。

矢追　そうですね。その村は宇宙人のコミュニティなのかもしれない。

宇宙人が地球に来るようになってから、相当な時間が経っているはずですから、本人たちは覚えていないかもしれませんけれども。

地球に住み着いた人も、たくさんいるでしょう。

隕石は、アナスタシアの湖に墜ちていた?!

保江　僕は、アナスタシアという村の話について、赤松さんから初めて聞きました。
その半年後くらいに本屋に行くと、『アナスタシア』（ナチュラルスピリット）という本が並んでいたのです。興味を惹かれてよく見てみると、ウクライナ生まれのウラジーミル・メグレ氏の著書の日本語訳でした。
彼は、元シベリア実業家組合会長で、在任期間中にシベリアの未開の村で遭難したところを、アナスタシアという女性に助けてもらうのです。その体験を綴った本なのですが、ベストセラーになったそうです。僕も、すぐに買いました。

矢追　面白い本ですよね。私も読みましたし、秘書などにも勧めていました。
ついこの間も、アナスタシアの話が出たところでしたので、ちょっと驚いています。

保江　やはりつながってきますね。まさにヤオイズムですね。

その本の中で唯一覚えているのは、メグレ氏が低体温症になって雪の中で倒れているところをアナスタシアが見つけて、村に連れ帰ったシーンです。

村人たちがメグレ氏を助けるために取った手段とは、熊が冬眠している巣の中に寝かせたのです。冬眠している熊の体にメグレ氏をくっつけて、熊の体温で体を温めたのですね。

他にも赤松さんが、その研究所で働いていた当時にロシア人たちから聞いた、アナスタシアの話を教えてくれました。

ロシアでも、文化人類学者などが彼らに興味を持って、その生活様式を調査しにシベリアにあるその村に、何回か行ったようです。その調査団の、驚くべき記録が残っているそうなのです。

聞き取り調査の中で、アナスタシアで暮らしている年配の女性にヒヤリングしたときの話です。文化人類学者の調査員が、

「好きな歌はなんですか？　それをもし歌えるのでしたら、歌ってみてください」というと、

彼女が歌ったのはなんと、アメリカの黒人女性歌手、かの有名なホイットニー・ヒュースト

ンの歌だったといいます。

調査員は驚いて、

「なんでその曲を知っているの？」と聞くと、その女性は、

「いつも流れているのを聴いているから」というのです。

「どんな番組を聞いているの？」と聞いたら、

「ロシアの国営ラジオの番組。それでよく、ホイットニー・ヒューストンがかかるのよ」と。


調査員はなるほどと納得したのですが、そのときに調査団にいたのは、文化人類学者だけではなく、理科系のエンジニアも含まれていました。

そのエンジニアによると、アナスタシアの村は、ロシアのいかなるテレビ、ラジオの放送電波も届かない場所なのです。ですから、国営ラジオ放送も聴けるわけがありません。

電気も来ていない、電池もないという土地ですから、ラジオという概念さえもよくわかっていなかったでしょう。

しかし、アメリカのニュース、例えばアメリカの大統領がオバマさんになったことなども、きちんと知っていたそうです。

ご本人が、国営放送のラジオを聞いていると認識しているのは、そのラジオのパーソナリティが、

「こちらは、ロシア国営ラジオです」というからだそうです。

次の日のインタビューで、

「ラジオ自体はどこにあるの?」と聞いたら、

「そんなものは知らない」といいました。

「じゃあ、どうやって聞いているの?」と聞くと、

「いつでも、聞こうと思ったときに頭の中に流れるでしょ」というのだそうです。

矢追　面白いですね。まさに宇宙人です。

保江　やはり宇宙人ですよね。だからこそ、宇宙人が、組み立て要員として呼べと指示をしたのでしょう。やはり、地球人では無理なのです。

それで、そのアナスタシアの村を取り仕切る人は、代々、女性になっているそうですが、その女性の名前は「アナスタシア」というそうです。

現在もその村はあるはずですが、そこに行くことはできないようです。ロシア政府が、外国人は入れないとして、ロケット打ち上げ場などと同じ扱いにしているので、外国人は足を踏み入れることができないのです。

シベリアですから、冬は厚い雪で閉ざされるでしょう。ですから、冬になる前に、越冬に必要な食料を貯めおかなければなりません。

冬が長くて、食料が足りなくなってしまうこともあるようですが、そうすると村はずれに、狼が自分が獲ったうさぎを置いていってくれたりするとか。動物とも交流して、仲良くしているのですね。

……ひょっとして、以前、ウラル地方に落ちた隕石も関連しているのでしょうか。

矢追　そうですね。あの隕石が落ちたところが、アナスタシアの湖なのでしょう。

保江　アナスタシアを攻撃するためだったのでしょうか。

矢追　いや、その前の段階の映像が残っているのですが、隕石が飛んでいる後ろからもう一個、隕石がついてきていました。護衛のような感じで、一緒に飛んでくるのです。その後から、また別の隕石のようなものがものすごいスピードで飛んできてぶち当たりそうになるのですが、それをもう一個の隕石が撃ち落とすのです。

保江　それは、ロシア領事もいっていました。最初はずっと並走してきて、それを撃ち落とそうとしていたのをさらに撃ち落としたと。そこまで複雑だったのですね。

矢追　映像としてはそういう風に映っていますね。その落ちた先が、湖なのです。

保江　ロシア領事も、実はあの湖の近くの地下に、宇宙人との共同研究施設があったといっていたのです。きっと、そこがアナスタシアなのですね。

断片断片をつなぎ合わせると、赤松さんの話も、領事の話も、すべて本当だったのですね。

矢追　みんなつながりますね。

保江　では、当然アメリカは、宇宙人とつながっているのでしょうね。

矢追　そうですね。トランプを応援しているQアノン（＊アメリカの極右が提唱している陰謀論とそれに基づく政治運動）がいますが、何か宇宙人と関係しているみたいですね。

保江　なるほど。ということは、バイデンのほうは応援していないのでしょうね。

矢追　どうでしょうか。バイデンはバイデンで何かありそうではありますが。

実録！　音速を超えて飛んでいた茶筒型の物体

保江　今回のプーチンによるウクライナ侵攻は、宇宙人とは関係があるのでしょうか。
プーチン自体は、昔のソビエト連邦に戻したいのでしょうけれど。

矢追　そうでしょうね。中国はどうでしょうか。

保江　中国の内モンゴルのあたりが、ロケット打ち上げや核の実験場になっていますよね。
アメリカのエリア51のようなものなので、中国版エリア51だという話もあります。
そこに宇宙人を捕獲しているのか、共同で何か研究しているのか、あるいは宇宙人が中国共産党を牛耳っていて、指示を出しているのか……内モンゴルからモンゴルにかけて何か不穏な動きがあるらしい、ということも聞いています。それもやけに、信憑性があるのです。

それから、デンバー空港の地下に、アメリカ軍が造った、宇宙人の王家をかくまっている施設があるといわれています。そこにいるのが、レプティリアンと呼ばれる尻尾のある爬虫類系宇宙人なのです。2〜3メートルもの身長がある人たちだといいます。

アメリカの後ろには、そういう宇宙人たちがついているということです。

ロシアには、ノルディックという白人のような宇宙人たちがついているのでしょうね。


日本にはそういう存在はいないのかと思うのですが、『実録 自衛隊パイロットたちが接近遭遇したＵＦＯ』（講談社）という本を出されている、元自衛隊空将の佐藤守さんとちょっと懇意になったので、いろいろとお話を聞いていると、やはり日本は情けないものでした。


一度、彼の部下がスクランブルで出動すると、何か異容な、茶筒のような形の物体が飛んでいたのだそうです。

それをＦ４ファントムⅡ戦闘機が2機で追尾したところ、僚機（＊指揮官が搭乗する長機とペアになる機）のほうから、

「速度計を見ろ」といわれて確認すると、なんと、マッハ1．7という速度だった……、つまり、音速を超えていたのです。

彼らは航空自衛隊の将校で、防衛大学校の航空学科を出ています。ですから、航空力学や

空気力学、流体力学を習っているのです。その流体力学でいうと、空気中や水中では、そんな円筒形のものが音速を超えるというのは考えられないのです。

そうした知識を持つ彼らは、茶筒が音速を超えて飛んでいるという異常な状況に驚愕しました。

すぐに写真も撮ったそうですが、当時はデジカメではありませんから、帰投してすぐに担当官がフィルムを現像しました。

航空自衛隊の慣習で、スクランブルをかけて写真を撮ってきたパイロットには、記録としてその写真をくれることになっていました。茶筒が飛んでいて、その向こうに僚機のＦ４が飛んでいるのが写っていたその写真を、家に持って帰ったそうです。

しばらくして佐藤空将が、

「あの茶筒の写真を本に出したいから」と、元部下に連絡をしました。

「じゃあ、聞いておきます」といって元部下は基地の写真担当者に、

「あの写真は、その後どうなったんですか？」と聞いたら、

「一応、上にはあげたよ」という答えでした。

それで、その基地の司令官のところに行って、「あの日に、私がスクランブルをかけたときの写真はありますか？」と聞くと、報告書も写真もないといわれたそうです。

それを報告してもらった佐藤空将は、「隠蔽か、やっぱりな」と思ったと。

それから、防衛庁（現在の防衛省）などにいろいろと探りを入れたそうなのですが、結果はとんだ笑い話でした。

基地から防衛庁にあげるときに、こんなものを出したら基地の恥だと笑われるという判断が下ったのだそうです。それで捨ててしまったと。

矢追　それはもったいないですね。

保江　隠蔽体質すらなかったという、それ以前のお話だったのです。

「しかし、お前がもらった写真があるだろう」と聞くと、「そうでした。家にあるはずですから、帰って探します」といい、その日、彼は自宅に戻って奥さんに、

「あの写真どこにあったっけ?」と聞きました。すると、

「ああ、あの変なものが写っている気持ちの悪い写真ね。この前、片付けをしていたら出てきたけど、いらないと思って捨てちゃった」と。

だから、写真さえ残っていないのです。

矢追　せっかくだったのにねえ。

保江　飛べるわけがないものが飛んでいた……、茶筒の形では、空気の中を連続して、空気をかき分けて超音速で飛ぶということは不可能です。ということは、瞬間移動を繰り返しているということになります。

矢追　アニメみたいですね。

爆縮とともに消えたグリーンベレーの一個小隊

保江　実は僕の知り合いで、アメリカのデンバーにあるグリーンベレーの基地で、UFOが一個小隊のグリーンベレー隊員を乗せて中東地区に飛んでいくのを、見せてもらった人がいるのです。

矢追　一個小隊って、けっこう大きいですよね。

保江　そうなのです。大型のジープみたいな車も一緒に載っていたようですし、きっと、巨大な乗り物ですよね。

矢追　C130（＊アメリカのロッキード社が製造している戦術輸送機。全長30メートル）のもっと大型なものですね。

保江　もっと大きかったようです。

C130より大きなC5A、Galaxy輸送機が2、3機ほど集まったぐらいの大きさです。一個小隊が乗り込んで、飛行前にはタラップもしまわれたのですが、いつのまにか足もなくなっていて、フワリと浮いていたと。最初から浮いていたのかもしれないといっていましたが。やがて、ヒュンヒュンという音がしだして、「俺、老眼になったかな」と一瞬思ったぐらい視覚がぼやけて何かが見え始めたのだそうです。その瞬間、基地の司令官が、「よく見ておけ」というので必死に目を凝らしていたら、パンと消えたといいます。その瞬間にドカンという音がして、直後、ものすごい風が吹いて土煙がぶわっと立ち、体が後ろに押されたそうです。

この現象は、爆縮といいます。UFOの巨大な機体によって地球の空気が大きな領域で押しのけられていたのが、急に移動して消えたことでできた真空状態のところに、周囲の空気が一気に入り込んだ音が、そのドカンという音だったのです。その反動の風が吹いてきて、体が押されたというわけです。

矢追　面白いですね。

保江　直後にその司令官が、

「あいつら、もう中東に着いているよ」といったという。

「今見たことは、絶対に口外してはいけない」と、司令官にも基地の警備主任にもいわれたので、彼はアメリカでは誰にもいいませんでした。

その人は、カリフォルニア在住の日本人で、植木職人なのですね。基地の司令官が日本びいきで、その方の注文で庭に日本庭園を作り、その手入れをするために、基地のあるデンバーに年に2回ほど、呼んでくれていたそうです。

あるとき、

「もう今年で退役なので、基地の司令官を辞めることになった」といわれました。

基地の司令官は代々、退役のときに、どんな無茶ぶりでも必ずいうことを聞いてもらえるという伝統があるのだそうです。

たいていは、巨大なケーキの中にストリッパーの女性を隠しておいて、サヨナラパーティーの最中に登場したりとか、そんなたわいもないことをリクエストするようです。

ところがその司令官は、ずっとお世話になっている植木職人の彼に、ＵＦＯを見せてやりたいというリクエストを出したのです。それを聞いた人たちも、

「基地の慣習を破ることはできない」ということで、極秘に呼んでくれたのだそうです。

そして、実際に目撃させてもらえたのですが、絶対に他言してはいけないといい含められていたとおりに、アメリカでは誰にもいわなかったのです。


しかし、数年に一回の帰国時に、たまたま日本人の知り合いと一緒に飲んでいたのです。隣に座っている知り合いに、日本語でひそひそ話をしたぐらいは、いったことにならないと思ったのでしょう、その目撃談を打ち明けてくれました。その知り合いは、

「すごい話じゃないか。瞬間移動する現場を見たなんてうらやましいな」といって、それからは、ＵＦＯ好きな人と会ったらこの話をしていたのですが、その中に僕もいました。

彼は一ヶ月ぐらいの夏休みの間、東京にいて、またアメリカに帰っていきました。

帰ってからいつものように、元司令官に電話をしたら、応答がありません。おかしいと思

いつつ何回か連絡をしているうちに、ようやく娘さんが電話に出て、「父も母も死にました」と。驚いて、いったい何があったのかを聞くと、それぞれ別々に交通事故に遭ったのだそうです。しかも、二人ともベンツに乗っていたと。
普通、ベンツは丈夫なので、事故を起こしてもなかなか死亡にまでは至らないでしょう。そのときに、彼は気づいたのです。東京で喋ってしまったその影響が、ここに現れたのだと。
つまり、「お前もこれ以上喋るとこうなるぞ」という警告だったのでしょう。

矢追　植木職人のご本人は大丈夫なのですか？

保江　生きています。

矢追　瞬間移動の話をうかがっていたときに、これは新機軸だと思ったのは、瞬間移動というのは、一瞬ぱっと消えてよそへ移動するというところですよね。
超常現象であるので、そこに飛行機が占めていた空間が一瞬にしてなくなるのは確かなのですが、周りの空気がそこにドンと入り込むということは、今まで聞いたことがないのですよ。

保江　誰もいっていませんか。

矢追　それで、私は超常現象として起きることでも、実際の物質がそこに存在するのだなと驚いたのですね。

巨大な貨物機がそこにあり、それがそこの空間を占めていた、ちゃんと存在していたということがその話でわかりました。それが消えた場合、その後を空気が埋めようとするということも。

ただ、これまでに聞いているテレポートといわれる現象では、そういうことが起きたことがないのです。

保江　単なるイリュージョンのようなものになっているのですね。

矢追　というか、物質界での物理学とは違う、まったく別の現象なんでしょうね。

超常科学みたいなものがあるのでしょう。

保江　なるほど。

矢追　今まで、テレポートに関する実験や、実際にテレポートしたという事例は聞いているのですが、そのときにそういう現象が起きたという報告は見たことがありません。
ですから、超常現象は別世界、別次元のようなことなんだと思っていたのです。
それが今の話では、本当にその空間を占める物質があったと。イリュージョンではなく、存在していたのだなということがわかりました。

保江　ジープなどと一緒に人間も30人か40人くらい乗り込んでいますから。

矢追　周りの空気が入り込むというのは、物が本当にそこに存在していたということを示す物理現象ですよね。
そこがいわゆる、テレポーテーションとは違うなと思います。

植芝盛平氏と矢追氏のつながり

保江　おそらく、今、アメリカとロシアが運用しているのは、その昔、地球にやってきた宇宙人の技術でしょう。

地球人も進歩していますから、宇宙人だってもっと進歩しているはずです。

今の宇宙人のテクノロジーは、昔よりも圧倒的に違う面があっていいと思うのです。

関連するような話ですが、合気道の創始者の植芝盛平という有名な武術家がいらっしゃいます。

太平洋戦争の前のことですが、植芝先生は、

「相手がピストルを打ってきたら、実弾が届く前に紙つぶてのような白いものが飛んでくる。それを避けると、その後に弾が飛んでくる」とおっしゃったそうです。

出口王仁三郎がモンゴルに行く際の、護衛として随行されたとき、現地で馬族に襲われました。そのときに馬賊が撃ってきた弾が、そのように見えたのだといいます。

植芝盛平先生は、そのことを陸軍の部隊に話して聞かせましたが、すると、竹下少将が実

弾小銃をもった七人の近衛兵を連れてきて、

「本当にお前がそんなにすごいなら、今すぐ見せてみろ」と、実演する羽目になったのだそうです。実際に、その現場に立ち会ったお弟子さんもいました。

盛平先生を10メートル以上先に立たせて、七人の近衛兵が一斉に狙い打ちしました。当時の小銃はものすごく煙が出るので、辺りは白煙がもうもうとしています。お弟子さんが、「先生もさすがに無理だろう」と思っていると、気が付いたら盛平先生が近衛兵の一人のすぐそばに立っていて、その人をパッと投げ飛ばしました。

皆が驚いているなか、次から次へと、近衛兵をみんな倒してしまったそうです。

十数メートル離れているところから、どうやって一挙にあんなに走っていけるのかとお弟子さんは疑問を抱いて、よく思い出してみたといいます。

練兵場は砂地で、最初に盛平先生と、近衛兵が立っているところの映像が浮かんできました。銃の音がした瞬間に、盛平先生が走りだすような姿勢でいるのが見えたそうですが、すぐに姿は見えなくなって土煙が残りました。

もし、超能力で瞬間移動をしたのであれば、植芝先生の体が占めていた領域が真空になるので周囲の空気が入って、その反動の風が、練兵場の乾いた土から砂煙を立たせるはずです。走って行ったのであれば、砂煙は立っていた位置から移動先までずっと続くでしょう。ところが、砂煙が立ったのは元の位置だけだったのです。次の瞬間にはもう、近衛兵の側に立って投げ飛ばしていたそうなのです。

矢追　いわゆる超物理学というのが、今の唯物論的な物理学と並行してもう一個あるのですよね。僕は出身校の中央大学で、日本学生拳法部に入ったのです。日本拳法の学生版ですね。これは、盛平さんが作ったらしいんですよ。それが、日本拳法と僕との初めてのつながりでした。

僕は、試合などはほとんどやりませんでした。もちろん、訓練もたくさんありましたが、だいたいサボっていましたので、ダメ研修生でした。

ですから、盛平さんとのつながりはそういう意味ではあるのですが、じゃあそれをちゃんと受け継いでいるのか？　技が出せるのか？　といわれたら、ちょっと自信がありません。

面白そうと思って入ったのですが、上級生が割とフレキシブルなタイプの人で、僕があまり顔を出さなくても文句をいわれませんでした。

保江　普通、そういう体育会系の部はきついですものね。

矢追　その代わり、風呂に入ると、先輩の背中を流すぐらいのことはやりましたよ。それで僕も、下級生に偉そうに、背中を流せといって洗わせたこともあります（笑）。

練習にも少しは顔を出していましたし、試合も１回や２回は出ました。主に下級生と殴り合うのを選んでいました。

保江　相手を選べたのですか？

矢追　そうなのです。

ああいう世界って、段が違うとすごい違いがあるじゃないですか。級であっても、１級違うと実力がグンと違うのです。私は下の段の人を選ぶので、相手が隙だらけに見えるのですよ。攻撃し放題です。

保江　なるほど、確かにそうですね。

矢追　技というものを知らない人間は、隙だらけだということを発見しました。実際にやっていないと、傍から見ただけではわからないですね。

やっている人間からすると、段が下の人はどの人も隙だらけです。

保江　実際なさっていたからこその実感ということですね。

日本拳法とはなぜ存在するのか、実はちょっと前から僕は疑問に思っていたのです。

空手や少林寺拳法などが普及していながら、なぜわざわざ日本拳法なのだろうかと。今、自衛隊の格技は日本拳法ですし。

矢追　そうなのですか。

保江　習志野の陸上自衛隊の空挺師団の方に聞いたのですが、日本拳法での親善試合を、各駐屯地でやっていたりするのです。

矢追　その日本拳法の元祖とは、盛平さんはすごい人ですね。

保江　竹下少将は盛平先生に、

「弾が当たって死んでも責任の所在を問わない」と一筆書かせてから撃ったそうです。

その話を聞いた猟師さんがいて、普段、熊や鹿やイノシシを撃っている方ですが、わざわざ訪ねてきました。そして、

「お前は鉄砲の弾を避けられるそうじゃないか。俺の弾も避けられるか」と、離れたところに立って、狙いをつけてきたのだそうです。そのときは盛平先生も、

「待て。お前の弾は避けられん」といって止めたという、それも逸話として残っています。

矢追　やっぱり、猟師は腕が違うのでしょうね。

保江　近衛兵といっても、実際、そんなに生き物を殺しているわけではないでしょうから。ところが猟師は、日夜命をかけて動物を仕留めていますものね。

型を制するものがその場を制す

矢追　さっきいったように、級が1級下がると全然違うんですよ。実際に「試合う」というのは、最後なのです。物理的に殴り合う前に心理的、精神的に相手を打ち負かさないことには、試合をしても負けが見えています。ですから、相手は隙だらけだからどこからでも倒せる、と思ったときに、すでに勝っているのです。実際にやり合う必要もないということですね。

保江　確かにそうです。盛平先生がご活躍だった頃、天龍という強い横綱がいました。その天龍が盛平先生に挑戦しにきて、

「こんな年寄りが」といって馬鹿にするので、盛平先生は、「一本腕をやるから、好きにしてみろ」といいました。

そこで、天龍は両手で盛平先生の腕をバッと握ったのですが、その瞬間、「参りました」と白旗を上げたそうです。握っただけで格の違いがわかったのですね。いまだに語り継がれている話です。

矢追　そういうものですよね。

保江　それから、武術家ではありませんが、煎茶道の家元が書かれた本があります（『逍遥自在なひとときを―通仙庵雑記―』通仙庵孝典　A-Works）。パラパラと見ていたところ、たまたま開いたページに、こんなことが書いてありました。

「これは武道を始め、日本の道がつく芸道、つまり茶道、華道、書道など、あらゆる道に通じることだと思いますが、特に茶道においては一礼をすることでその空間を自在に操る権利を得ることができます。

例えば、武道の試合においても互いに一礼をするときに、きちんとお作法に則った正しい礼ができたほうは、その試合の場である空間を自在に操る権利を得ているので勝てるはずです」と。

矢追　それはそうだと思います。合気道にしても空手道にしてもそうですが、型を重視するのです。型が完璧にできれば、もう完全にその時点で相手に勝っているのです。空手家でも、みんな型を一所懸命勉強しているでしょう。型が完璧にきちんとできるようであれば、その人は何もしなくても世界一になれる。

いい換えると、型どおりにすれば絶対に勝つのです。太極拳もゆっくりとした動きで、一種の踊りのように見えますが、あれはその型なのですね。あの型が完璧にできるようになれば、どのような場合でも絶対に勝てるのです。ゆっくりで身につけたそれを早くすればいいだけという。型を体に覚えさせるためにゆっくりにしているのが太極拳なのです。

保江　そのようですね。おそらく、普通は皆さん、知らないと思います。太極拳はなんであんな動きをやっているのかなと不思議に思っているでしょう。

矢追　その道に入らないと、わからないですから。

保江　僕が懇意にしている空手の先生がいるのですが、元々はフルコンタクト空手で著名な先生のお弟子さんなのです。

あるとき彼は、アメリカで空手を教えている日本人空手家の内弟子になることになり、日本からアメリカに渡りました。

右も左もわからないアメリカで、初めてフルコン空手の独自の流派を普及させるわけですから、一度でも負けたらもう人に認めさせることなんかできません。

ですから彼には、必勝というものすごいプレッシャーがあったのです。けれども、やってくるアメリカ人の多くはとてもガタイがよかったり、ボクサー崩れ、セミプロなどでした。

彼は日本人の平均的な体格だったので、励んだのは筋トレとスパーリングです。そのかいあって、全戦全勝しました。道場破りが来ても、逆にとことんやっつけてしまったそうです。

それで実力が認められて、アメリカから逆に日本に支部を立ち上げる大役が回ってきました。苦労の末に大阪に支部ができましたからよかったのですが、彼は筋肉をつけすぎてしまったのです。

横紋筋融解症（＊筋肉細胞が破壊され、血中に流れ出すことで引き起こされる。その物質が腎臓を始め、様々な臓器に影響を与えて腎不全の原因となる）という、筋肉の難病にかかってしまったのではないかと周囲が心配するほどでした。

筋肉の動きで自分の筋肉細胞が潰されるという、恐ろしい病気です。

矢追　そんな病気があるのですね。

保江　ええ。もう、痛くて動けないのだそうです。しかし幸いにも、その難病からはまぬがれていたようで、問題になっていたのは筋肉細胞ではなく、背骨や腰骨などの骨格だったのです。要するに、骨格が自分の筋肉の力で変形してしまう病気でした。

そんな病気を発症してしまうくらい、彼は日夜、起きているときはほとんど筋トレをしていたのです。

ですから、体格に対してベスト以上の筋肉をつけてしまったのでしょう。それで動けなくなり、病院で診てもらいましたが、結局、筋肉を減らさなくてはならなくなりました。

たまたま知り合った日本人女性が、献身的に看病をしてくれたそうです。そのおかげで、かろうじて助かりました。ただ彼は、

「これでは意味がない。体格のいい外国人に勝つためとはいえ、自分の体をボロボロにするまで鍛えなくては勝てないというのではしょうがない」と考えて、日本に帰ってきました。しばらくは休んでいましたが、その間にも、やっぱり空手というものは何か違うものに思えると、フルコンタクト空手の流派ではほとんど練習をしない、型をやろうといい出したのです。

それからというもの、彼は型しかやろうとしなかったのですが、それで筋肉も適量になっていきました。型を主とする空手の流派を起こして、大阪を拠点にして道場を作りました。

アメリカでの武勇伝もたくさん残っており、もともと名前が知れていたということもあって、その先生が大阪で道場をやっていると聞きつけた猛者《もさ》たちが、全国からやってきました。

早い話が、道場破りです。「ぜひお手合わせを」とスパーリングを求める猛者に、「いや、もう僕は手合わせはしていませんから」と断っても、「いやいや、ぜひお願いします」とねばられるのだそうです。

仕方がないので申し出を受けることにしましたが、帰国してから型しかやっていなかったのにも関わらず、体が動くのですね。しかも、筋肉で動くのではなく、自然に動くのだそうです。

矢追　そうでしょうね。

保江　どんなふうに挑んできても、軽く自然に、本当にほとんど当てることなく軽くいなしただけで、相手が吹っ飛んでいったそうです。それでみんな、入門してくれたとか。

矢追　名人ってみんなそうですよ。

保江　今や、すっかり著名になられました。その方も、本当に礼儀正しい方なのですね。

矢追　礼儀自体が型なのです。

保江　やはり、お茶の先生がおっしゃることと同じですね。

矢追　きちんと礼儀ができるということが、型をマスターしているということなのです。日常生活でも、会っただけで位負けするということがあるでしょう。

保江　ありますね、多くはありませんが……。

矢追　何をするわけでもないのに、この人には絶対に敵わないと思わせる人がいますよね。それはやっぱり、奥義を極めたということでしょう。

保江　まさに。

矢追　型どおりにはまれば、本当に黙っていても吹っ飛んでいってしまうぐらいの威力があるのですよね。

こいつには勝てんというものを持っている……実際にやってみるまでもなく。

保江　決して威張っているわけではない、普通というか、普通以上に謙虚だったり……。本当に優しい感じで、芸術家風というか……。でも、圧倒されるという感じではないのですね。

矢追　なんとなく、位負けする感じです。

保江　位負けというのは、いい表現ですね。

生への執着を手放している人には勝つことができない

保江　実はヤオイズムは、盛平先生や武道に通じるものがあるのですね。

武術の達人も、無意識にヤオイズムを実践していたからこそ、そこまでになれていると僕は最近、確信しているのです。

『ヤオイズム』を拝読して、死ぬ場面を見ているということが、一つのポイントかと思いまして、僕の道場で、試してみようとふと思い立ちました。

いつもは、技をかけるときには盛平先生がよくおっしゃっていた、「敵を愛する」とか「殺しに来た人と友達になる」という感覚でやるようにと指導していたのですが、ちょっとしたデモンストレーションをしてみました。

まずは、一番体の大きい門人に手伝ってもらい、僕の腕を、体重をかけて抑え込ませました。

もちろん、僕の力だけでは絶対に腕は上がりません。

それでいつもは、「愛する」というモードになって上げるのですが、矢追先生がおっしゃっていた場面、濁流に飲まれてアップアップして死にゆく人が目の前にいるような場面を見ている、という感覚を想像してみたのです。

すると、スーッと腕が持ち上がりました。

「技をかけるときに敵に執着するな」という表現をされた昔の達人もいらっしゃいましたが、自分にはどうしようもない状況で人が死にゆく場面をただ傍観している……、これが執着を捨てるということかと思ったのです。


そこにいた門人たちにそう説明して、試してもらいました。

ほとんどが男性なので、いつもの「愛する」モードは難しいといわれるのですが、これについては、半分ぐらいの門人ができましたね。

一番よくできた人に、

「なんですぐできたの?」と聞くと、彼は目の前で死にゆく人を何人も見ているのだそうです。

年の頃は50代ぐらいなのですが、自動車の死亡事故などを目の前で3度ほど見ているということで、すぐにそうした場面をリアルに思い浮かべることができ、自分の感覚も臨場感をもって蘇らせることができたのです。

考えてみると、昔の武芸者は、先生が斬られたり同僚や仲間が殺されたりするのを見ていたことでしょう。人が死にゆくのを見て、生への執着というものがなくなる……、悟り切るというか……、それがいいのではないでしょうか。

矢追　そうですね、きっと。

保江　今の武術家では、なかなかない体験をなさっているから強いですよね。

矢追　人間の一番の弱点は、死を恐れることです。ほとんどの人間は、どこかで死ぬのを怖がっているのですよ。

だから死は怖くない、どうなってもいいよという心境になっている人を倒すことは、なかなかできません。

まず位負けして、手を出せないのです。僕は稽古や練習もしない、ほぼ何もしていませんが、位負けする人にはめったに会わないですね。

保江　なるほど。生への執着を捨てるということ……、感情も何もなく、純粋に手放すだけなのですね。

矢追　そうです。

保江　手離したものへは、悔しいといった感情があってはいけないのです。

確かにおっしゃられるとおりです。

別流派の先生のところで、稽古をしていたときのことです。

その頃は、強い先輩や先生と組んで学ばせてもらおうと思っていたのですが、一度、怒られたことがあったのです。

「本当に強くなりたいなら、弱いやつとやれ」と。矢追先生が先ほどおっしゃっていたとおりですね。

あらためて今、はっきりと腑に落ちました。強い人や先輩とやっているときは、恐れがあるのです。

稽古で殺されることはまあありませんが、怖いと思ってしまう気持ちは、広義では死ぬのが怖いという気持ちと同じでしょうね。

怖いという気持ちを持って稽古をしていたら、お話にもなりません。位が下の人とやるときには、怖い気持ちにはならない……、むしろ楽しいのです。

僕も東京でその道場に通っていた頃は、もう本当にダメでした。

ところがそこを離れて岡山に引っ込んで、勤めていた女子大の合気道部の女の子相手に稽古を始めたら、とても調子がいいのです。

それからいろいろなことにどんどん気づいていくようになった……、強い相手とばかりやっていたら、絶対そうはならなかったと思います。

本当に、おっしゃるとおりです。

矢追　宮本武蔵が書いたものがありますね。

彼が試合に臨むときは、だいたいの場合、一対一なのですが、真剣だと相手を殺してしまうとまずいという躊躇が生じるため、竹刀《しない》か木刀なら受けるというのだそうです。

そして、彼が試合の場所に向かうときには、自分では木刀は持たないで行くというのですね。お弟子さんに持たせたりして。

試合の場には、相手が木刀を持って待っているのですが、いざ相手と立ち会うと、その場で勝敗が決まるといいます。位負けと位勝ちがあるのですね。

保江　なるほど。

矢追　真剣な気が張り詰めているのを見れば、自分が上か下かわかるということです。だから、試合するまでもないという。

こんな話をどこかで読んだことがあるのですが、私は日常がそうだと思っているのですよ。初めての人に会ったときに、その人の人間性というか……、段が上か下かというのが瞬時にわかるのです。

ですから、それ以上に何かをする必要がないのですね。

「なんとなく」は本質的なところでの決断

矢追　私はよく、人間性についていいます。普通、人間性というと、いい人とか悪い人とか、性質について思いますよね。イメージ的にはそうかもしれませんが、私がいう人間性とは、それとはまったく違うのです。

位負けするか勝つかということであり、位勝ちすると、もうその後は、何をやってもその人に対して勝っているのです。

その位についてては、どういう判断かとよく聞かれますが、見た目や雰囲気でもなく、感覚ですね。なんとなくの感覚です。

人間というのはけっこうなんでも、なんとなくしかやっていないですよ。

「お前、なんでこの女を好きになったの？」

「いや、なんとなく」というような。

保江　はい、すごくよくわかります。

矢追　そこにずらずらと理由が並べられるようだと、むしろ本物ではありません。なんとなく、なんですよ。そのなんとなくが肝心で、あらゆる場合にいえることですね。なんとなく自分で納得できれば、その場は自分が勝っていますね。

保江　極めて名言ですね。

矢追　なんとなくやってみるかなとか、なんとなくやめておこうかなという。

保江　なんとなくやめるというときもありますね。

矢追　それが正しいという感じ。一番大事なことですね。後はどうでもいいのです。

保江　本当によくわかります。理由はないのですよね。

感覚であって頭で考えていないから、なんとなくというしかない……、思考は、両手を上げて降参しているような……、我々の本質的なところでの決断なのですね。

それぱかりで生きればいいというのが、ヤオイズムでしょう。

矢追　面倒がないのです。

保江　確かに、面倒がない。いちいち思考して、どうしようああしようと人に相談したりして決めたときほど、ろくなことがないですよね。

矢追　損得を考えて、ああでもないこうでもないというのは時間の無駄だと思うのですよ。なんとなくやるかやらないかで、決めたほうがいいかなと思います。

それはもう、最初の出会いで決まりますね。

保江　わかります、それも。

矢追　だから非常に楽です。悩みません。

保江　悩まないということの本質がそれだと思います。

「無理に思考の中で悩むことをやめろ」という。もともと、悩む必要がないのです。

矢追　そうです。

保江　なるほど。なんとなくよくわかります。

僕も、ありがたいことに7人の秘書が業務を手伝ってくれていますが、それぞれの案件で誰に来てもらうか、手伝ってもらうかというのを決めるのは、なんとなくです。

最近、この子に声をかけてなくて悪いなとか、順番とかはまったくないですから。

そうすると、関係性なども歪むことなくうまくいくのです。

順番的には、そろそろ誰々を……とか考え出したら、かえって不平不満が出てくるのではないでしょうか。

矢追　なんとなくが正解です。すべてに優先して正解。

保江　なんとなくは良い標語にもなりますし、もっと大事にしたいですね。

しかし、現代社会では、一番ダメ出しされるかもしれません。

例えば、何かミスがあって上司に、

「お前はなんでこんな馬鹿なことをしたんだ。理由をいってみろ」と聞かれるのに、

「なんとなくです」と答えたら、余計に怒られるでしょうね（笑）。

矢追　（笑）会社ではそうでしょうね。

保江　でも、日常生活では、はっきりと論理立てていえるものなど、ほとんどないですものね。

なんとなくこの車にした、なんとなくこのパートナーにした、なんとなく今日はこれを食べているというふうに。

矢追　そうですよね。

自分が神様——無限次元に存在する

保江　さて、今回の対談のクライマックスは、矢追先生がおっしゃった、人は3次元の視点を持つから4次元以上の存在だというお話でした。

これまでも、人間は高次元にいるなどという人はたくさんいましたが、じゃあ示してみろ、見せてみろといわれても、具体的に表すことはできませんでした。

口先だけと思われていた……、皆にわからせる論法がなかったのですね。

矢追先生が人類で最初にいい出したという事実を、研究論文として残しておいたほうがいいですね。

なにせ、空間に関することですから、物理学的な話なのです。それなのに、物理学者が誰もいわない……まさに盲点です。

そうすると、神様というものがいらっしゃるとしたら、すべてを見通せるわけですから、その存在は無限次元です。

矢追　その神様こそが、自分なのです。

なぜならば、「神様ってなんだろう」と考えているものが自分だからです。

その考えも含めて、すべては自分から発生しているので、自分が存在しているかぎり、まず自分が神様なのですよね。


保江　自分が神様だからこそ、自分の世界なのですね。

本当に、矢追先生がしてくださった証明で、僕も読者さんたちも自信がつきます。

死ぬことが怖くなくなりますし。

素晴らしいお話をうかがうことができて、本当に幸せでした。ありがとうございます。


矢追　私こそ、とてもリラックスしてお話しすることができました。

保江先生のような物理学者がいらっしゃる日本は、これから何も心配いらないと思えます。

実りある対談になりましたね。

本当にありがとうございました。

あとがき

本文を読み終えてくださった読者諸姉諸兄におかれましては、既に「極上の人生を生き抜く」コツを脳裏に強く焼きつけられてしまったことになります。ということは、そう！　これから皆さんの目の前には、人生の最高の舞台が用意されてくることになる!!

これも、すべては「ヤオイズム」のなせるワザ。矢追純一先生が我々人類の一人ひとりに、惜しげもなく何も隠すことなく、すべて教えてくださったのですから。

だからこそ、今回の対談において僕は終始「先生」と呼ばせていただいたのです。その素晴らしい教えが僕自身にとっても人生の大変革をもたらしてくれることが予感されたからだったのですが、対談終了後から今までの半年間でその予感は見事に的中しました。

もちろん、以前に矢追先生から教えていただいていた、今は絶版となって手に入りにくくなっているご著書『ヤオイズム――頑張らないで生き延びる――』（三五館）にひととおり目を通していたからこその予感だったのです。

しかし、僕が心底から矢追純一という大先達に傾倒してしまったのは、もちろんそこに記されていた「何が起こるかわからない時代を生き延びる思考法」としての「ヤオイズム」に感銘したこともあったのですが、最も強い要因は別のところにありました。

それは、ご著書『ヤオイズム』の表紙カバーを飾る矢追純一先生の立ち姿にあったのです。何故か理由もなく異様なまでの強さで惹きつけられてしまったのですが、対談後に僕自身の考え方や見方も大きく変わったために気づくことができたことが一つありました。

それは、その立ち姿が武道格闘技の最終奥義として知られる「合気」を体現する者に共通する立ち姿となっていることです。それがどのようなものであるかについては、拙著近刊『合気五輪書（下）――武道格闘技の最終奥義が物理学の地平を拓く――』（海鳴社）で詳しく公開する予定なのでここでは触れないこととしますが、ここではその立ち姿が本来はその人物の人生を活かすことにつながる「活人術」において本領を発揮するものであるということだけ指摘しておきましょう。

ということは、矢追先生の立ち姿をマネしさえすれば、誰もが矢追純一の生き様を再現することができ、何も考えることなくすぐに

「ヤオイズム」を身につけることができるわけです。

実は以前から、福岡在住で武道格闘技の真髄を熱心に探究している武術家・治療家の森坂千秋氏から、僕の独特の立ち方や歩き方が「合気」の必要条件ではないかと指摘されてはいたのですが、僕自身はそれに気づいていませんでしたしご指摘についてもさほど気に留めてもいなかったのです。

ところが、矢追先生から「ヤオイズム」の手ほどきを受けてから『ヤオイズム』の表紙にある立ち姿を見直してみると、それがまさに僕が「合気」と「活人術」を体現させるときの立ち姿そのものとなっているということがわかりました。

その立ち姿はそれを見る者に不思議な力を及ぼし、ほぼ全員がその魂を強く惹きつけられてしまうようになるのです。

このことは、僕が星辰館道場で示している「活人術」によっても確認できますが、日常生活のふとした場面においても、不思議なつながりを生み出してくれることからもわかります。

ある日の夕方、待ち合わせのために京都市内中心部にある旧毎日新聞京都支局ビルの前に立っていたときのことです。突然に通りの向こう側から、白髪に白髭を蓄えた上品な年輩男性が声をかけてきました。

「君、そこにスッと立っていると、なかなか絵になるね」から始まって、わざわざ近くまでやってきて、

「このビルの上にある劇場で、大昔に役者をやり始めたんだ」などと教えてくれます。

そんな会話の途中で歩道を通りかかった男性が僕に、

「保江先生ではありませんか?」と問いかけてくれたのです。頷く僕に向かって彼が、

「ご著書の読者ですが、札幌から観光で京都にやってきてすぐにここを歩いていたらお顔を見かけたのでついお声かけしてしまいました」と説明してくれた直後、その年輩の男性が、

「札幌かい。俺も札幌生まれだよ。栗塚旭という俳優なんだ」というではありませんか。

そう、僕は50年前から時代劇のテレビドラマでファンになっていた栗塚旭さんに声をかけられてしまっていたのです。

普通なら、ファンの僕から俳優さんにお声かけすることはあっても逆はないはずですが、このときは違いました。不思議です、いったい何故だったのでしょうか?

それがわかったのは、まさに今回の矢追先生との対談後に、ご著書『ヤオイズム』の表紙

カバーにある立ち姿を見直したときでした。そう、僕のいつもの立ち姿がまさに「ヤオイズム」の立ち姿そのものだったために、目の肥えた名俳優・栗塚旭さんの注意を惹きつけたのだということを！

そういえば、「鉄腕アトム」に始まって現代の人気アニメの主人公の立ち姿は、まるでそうすることで読者を強く惹きつけることがわかっているかのように、どれも「ヤオイズム」の立ち姿に描かれています。

この本を最後まで読み進んだ皆さんは、「ヤオイズム」の手ほどきを受けたとはいっても、まだまだ「極上の人生を生き抜く」コツの存在を知った程度です。だからこそ、これからの生き様の中に「ヤオイズム」が浸透していくように、寸暇を惜しんで矢追純一式立ち姿を真似していってほしいと思います。

２０２３年旧暦正月

白金の寓居において　保江邦夫

＊編集部より――『ヤオイズム――頑張らないで生き延びる――』（三五館）については、『新装版ヤオイズム　あなたは本当に生きているか』として、弊社より本書と同時発刊いたしました。

極上《ごくじょう》の人生《じんせい》を生《い》き抜《ぬ》くには

矢追《やおい》 純一《じゅんいち》　保江《やすえ》 邦夫《くにお》

明窓出版

令和五年三月十日　初刷発行

発行者——麻生 真澄

発行所——明窓出版株式会社

協力　株式会社ソリッドアライアンス

〒一六四—〇〇一二
東京都中野区本町六—二七—一三
電話　（〇三）三三八〇—八三〇三
FAX（〇三）三三八〇—六四二四

印刷所——中央精版印刷株式会社

ISBN978-4-89634-456-1

矢追純一 プロフィール
Junichi Yaoi

一九二五年、満州国新京に生まれる。中央大学法学部法律学科卒業。

一九六〇年、日本テレビ放送網入社「11PM」「木曜スペシャル」などの名物ディレクターとして、UFO、超能力、超常現象 をテーマにした話題作を数多く手がける。同社を退社後も、テレビ、ラジオ番組制作・出演、執筆、講演など多方面で活躍中。

「宇宙塾」主宰。宇宙科学博物館「コスモアイル羽咋」名誉館長。

著書に『「矢追純一」に集まる未報道 UFO 事件の真相まとめ ～巨大隕石落下で動き出したロシア政府の新提言』（明窓出版）、『矢追純一は宇宙人だった⁉』（学研プラス）など、多数。

保江邦夫 プロフィール
Kunio Yasue

岡山県生まれ。理学博士。専門は理論物理学・量子力学・脳科学。ノートルダム清心女子大学名誉教授。湯川秀樹博士による素領域理論の継承者であり、量子脳理論の治部・保江アプローチ（英：Quantum Brain Dynamics）の開拓者。少林寺拳法武道専門学校元講師。冠光寺眞法・冠光寺流柔術創師・主宰。大東流合気武術宗範佐川幸義先生直門。特徴的な文体を持ち、80 冊以上の著書を上梓。

著書に『祈りが護る國　アラヒトガミの願いはひとつ』、『祈りが護る國　アラヒトガミの霊力をふたたび』、『人間と「空間」をつなぐ透明ないのち　人生を自在にあやつれる唯心論物理学入門』、『人生がまるっと上手くいく英雄の法則』、『浅川嘉富・保江邦夫 令和弐年天命会談 金龍様最後の御神託と宇宙艦隊司令官アシュターの緊急指令』（浅川嘉富氏との共著）、『薬もサプリも、もう要らない！ 最強免疫力の愛情ホルモン「オキシトシン」は自分で増やせる‼』（高橋 徳氏との共著）、『胎内記憶と量子脳理論でわかった！『光のベール』をまとった天才児をつくるたった一つの美習慣』（池川 明氏との共著）、『完訳 カタカムナ』（天野成美著・保江邦夫監修）、『マジカルヒプノティスト スプーンはなぜ曲がるのか？』（Birdie 氏との共著）、『宇宙を味方につける こころの神秘と量子のちから』（はせくらみゆき氏との共著）、『ここまでわかった催眠の世界』（萩原優氏との共著）、『神さまにゾッコン愛される　夢中人の教え』（山崎拓巳氏との共著）、『歓びの今を生きる 医学、物理学、霊学から観た魂の来しかた行くすえ』（矢作直樹氏、はせくらみゆき氏との共著）、『こんなにもあった！ 医師が本音で探したがん治療　末期がんから生還した物理学者に聞くサバイバルの秘訣』（小林正学氏との共著）『令和のエイリアン　公共電波に載せられない UFO・宇宙人ディスクロージャー』（高野誠鮮氏との共著）、『業捨は空海の癒やし　法力による奇跡の治癒』（神原徹成氏との共著）（すべて明窓出版）、『東京に北斗七星の結界を張らせていただきました』『日本大北斗七星伝説』（青林堂）など、多数。

私の人生は一瞬一瞬が歓びと感動で溢れている
その一瞬に秘められている
パワーを知れば、
あなたにも同じことが起こる。

何もしなくていい——
本当に何もしなくていいのだ

ヤオイズム、それは究極の生き方の実践である。

一切の不安や恐怖から離れたその生き方は、矢追氏が幼少を過ごした大連での生活に起因する。

大連で迎えた敗戦とともに、裕福であったその生活は石を投げられるものに一変してしまう。激動の戦中戦後において銃弾なども飛び交うサバイバルのなか、矢追氏が培ったのは「国も親も頼れない」という「根性」と「一瞬を判断する集中力」。これがそれからの矢追氏の生き方「ヤオイズム」の原点となるのである。

混迷を極める現代において、生き残るにはどのようなマインドが必要なのか。

頑張ることが美徳とされる日本において「頑張らないで生きること」を提唱する矢追氏の、究極のサバイバル思考法をまとめた一冊。

第一章
なぜ私には 一切の恐れがないのか？

第二章
あなたは本当に生きているか

第三章
ネコは悩まない

第四章
じつはあなたが宇宙そのもの

第五章
思いどおりに生きるコツ

第六章
一子相伝を起こそう！

新装版ヤオイズム
あなたは本当に生きているか
矢追純一 本体価格 1,500 円＋税